HEYNE‹

W0077696

Zum Buch

Seit vierzehn Jahren lebt die Bestsellerautorin Sabine Thiesler in Italien und hat alles kennengelernt, was der italienische Alltag so an Absurditäten zu bieten hat. Natürlich liebt sie das wunderschöne Land, genießt Kultur und Lebenskunst, hat italienische Freunde – aber warum nur wird einem in Italien alles so schwer gemacht? Wie soll man dort ein Haus bauen, wenn nie Handwerker kommen und der Bauleiter plötzlich den Leonardo da Vinci in sich entdeckt? Wieso sind auf Italiens Straßen nur Schleicher oder telefonierende Verrückte unterwegs? Wieso verbringt man das halbe »dolce vita« damit, anzustehen, sei es in Post, Bank, Gesundheitswesen oder Behörden? Und wieso lieben die Italiener selbst gesammelte Pilze, wildes Jägereigeballer, vollgepferchte Strände und absurd bunte Weihnachtsbäume? All diese und viele weitere Geheimnisse versucht Sabine Thiesler in ihrem wunderbar witzigen, aber auch kritischen Erfahrungsbericht zu ergründen.

Zur Autorin

Sabine Thiesler, geboren und aufgewachsen in Berlin, studierte Germanistik und Theaterwissenschaften. Sie arbeitete einige Jahre als Schauspielerin und schrieb außerdem erfolgreich Theaterstücke und zahlreiche Drehbücher fürs Fernsehen. Ihre Thriller wurden sämtlich zu Bestsellern. Sie alle spielen in der Toskana. Bezaubert von der Schönheit des Landes, zog Sabine Thiesler mit ihrem Mann selbst dorthin, um ihre Romane vor Ort zu schreiben. Und musste erkennen, dass der wahre Horror im italienischen Alltag liegt …

www.sabinethiesler.de

Lieferbare Titel

978-3-453-02454-0 – Der Kindersammler
978-3-453-43274-1 – Hexenkind
978-3-453-43468-4 – Die Totengräberin
978-3-453-43525-4 – Der Menschenräuber
978-3-453-43524-7 – Nachtprinzessin
978-3-453-26806-7 – Bewusstlos

SABINE THIESLER

Basta, Amore!

Vom alltäglichen Irrsinn
in Bella Italia

WILHELM HEYNE VERLAG
MÜNCHEN

Verlagsgruppe Random House FSC® N001967
Das für dieses Buch verwendete
FSC®-zertifizierte Papier *Holmen Book Cream*
liefert Holmen Paper, Hallstavik, Schweden.

2. Auflage
Vollständige Originalausgabe 05/2014
Copyright © 2014 by Sabine Thiesler
und Wilhelm Heyne Verlag, München,
in der Verlagsgruppe Random House GmbH
Umschlaggestaltung/Artwork: Eisele Grafik.Design, München,
unter Verwendung eine Bildes von Shutterstock/Veniamin Kraskow
Satz: Buch-Werkstatt GmbH, Bad Aibling
Druck und Bindung: GGP Media GmbH, Pößneck
Printed in Germany

ISBN: 978-3-453-41061-9

www.heyne-verlag.de
www.sabinethiesler.de

Per nostri amici
Stefania e Gino
un abbraccio

Inhalt

Ciao

Es ist heiß. Beinah unerträglich heiß. Wir sitzen auf der Terrasse und schweigen. Sind viel zu kaputt, um noch irgendwas sagen zu können. Klaus hat seit mehreren Nächten nicht mehr richtig geschlafen, denn auch nachts fällt das Thermometer nicht unter dreißig Grad. Mir macht das nichts aus. Ich bin froh, wenn es schön warm ist. Auch nachts.

Wir sind beide überarbeitet, gestresst, genervt und mit unseren Gefühlen völlig durch den Wind.

Arrivederci, Italia. Ciao, Toscana.

Wir sind dabei, Abschied zu nehmen. Wir gehen. Wir hauen ab. Mit mehr als einer Träne im Knopfloch. Vierzehn faszinierende und aufregende Jahre unseres Lebens haben wir hier verbracht, und nun ist Schluss. Jetzt wartet Neues auf uns, ein ganz anderes Leben, das wir noch nicht kennen.

Im Moment warten wir auf den Umzugslaster.

Da ich in Italien immer alles organisiert habe, fragt mich Klaus: »Kommt eine deutsche oder eine italienische Umzugsfirma?«

»Eine italienische.«

»Ah ja.« Klaus grinst schief. »Dann könnte es natürlich auch sein, dass sie erst nächste Woche oder nächsten Monat kommen.«

Ich sage nichts dazu. Er hat ja völlig recht.

»Bist du traurig?«, frage ich Klaus nach einer Weile.

Er braucht lange, um zu antworten. »Ja, doch«, sagt er schließlich. »Ein bisschen schon. Und du?«

»Ich glaube nicht. Oder doch? Vielleicht. Ach, ich weiß nicht.«

Es war eine tolle Zeit in Italien. Eine aufregende und anstrengende Zeit, eine, die ich nicht missen, die ich aber dennoch unbedingt beenden möchte.

Toskana. Du wirst ewig in meinem Herzen sein. Wir haben dich geliebt, und wir haben dich in Gedanken oft zum Teufel gejagt.

Und wir werden uns ein Leben lang an »Bella Italia« erinnern.

Jetzt zum Beispiel.

Während wir hier sitzen und darauf warten, dass dieser Abschnitt unseres Lebens zu Ende geht.

Ich weiß noch, wie alles anfing. Unser fünfzehnter Hochzeitstag stand bevor. Seit wir verheiratet waren, waren wir viel gereist, aber niemals nach Italien. Klaus wollte einfach nicht. Er sagte, dass man ihm in Italien nicht nur die Brieftasche, sondern auch das Auto samt Oma auf dem Rücksitz unterm Hintern wegklauen würde, und darum würde er seinen Fuß niemals in dieses Land setzen. Nur über seine Leiche.

Aber ich kenne doch meinen Klaus. Vorurteile sind dazu da, widerlegt zu werden, und Italien reizte mich. Also diskutierte ich nicht lange und buchte zu unserem Hochzeitstag heimlich eine einwöchige Reise.

Am Tag der Abreise sagte ich ihm, er solle seinen Koffer packen. Klaus stellte sich stur. Er hatte keine Lust und nicht die beste Laune, denn Überraschungen kann er grundsätzlich nicht leiden, und wenn er nicht weiß, wo's hingeht, kann er auch nicht packen.

Das hatte ich erwartet, und es schreckte mich nicht. Denn auch wenn er weiß, wo's hingeht, kann er seinen Koffer nicht packen.

Also suchte ich seine Siebensachen zusammen, und wir fuhren zum Flugplatz.

Er staunte nicht schlecht: Wir würden nach Venedig fliegen.

Begeistert war er nicht, aber er spielte mit. Hatte auch keine andere Wahl.

Wir wohnten in einem schönen Hotel direkt am Canale Grande mit sensationellem Blick aus dem Fenster, den wir aber gar nicht genießen konnten, weil wir von morgens bis abends unterwegs waren. Wir liefen durch die Stadt, bis wir wirklich nicht mehr krauchen konnten.

Nachts standen unsere Schuhe zum Ausdampfen auf der steinernen Fensterbank.

Wir besichtigten Museen, Kirchen und Paläste und fuhren mit öffentlichen Verkehrsmitteln oder privaten Gondeln durch die großen und kleinen Kanäle.

Was uns am meisten faszinierte, waren heruntergekommene Fassaden, die an Abbruchhäuser erinnerten. Aber ging irgendwo eine Balkontür oder ein Fenster auf, sah man in prunkvolle Räume mit stuckverzierten und vergoldeten Decken, mit pompösen Gemälden an den Wänden und funkelnden Kronleuchtern. Hinter verrotteten Fensterläden eröffneten sich teilweise schlossähnliche, herrliche Räume, die einen augenblicklich in eine andere Zeit versetzten.

Venedig war ein einziges, verschwiegenes Geheimnis.

Und bereits nach achtundvierzig Stunden war für Klaus klar: Das ist mein Land! Ein Wahnsinn! Diese Kultur! Ein einziges ästhetisches Fest! Das Essen! Der Wein! Die Menschen! Einfach alles! Für ihn gab es nichts Schöneres mehr als Italien, es mutierte bei ihm zum Sehnsuchtsziel Nummer eins.

Kaum wieder zu Hause, begann er zu suchen. Nach einer winzigen Hütte in den toskanischen Bergen. Ein *anesso,* eine *capanna,* ein *rustico,* irgendwas Kleines, Niedliches. Nichts Besonderes. Irgendetwas für die Ferien, denn das Leben ist so viel einfacher, wenn man weiß, dass man eine kleine Fluchtburg in Italien hat.

Wir fanden ein verwunschenes Tal mit zwei Gebäuden. Wildromantisch, einsam, dunkel und feucht. Eins der beiden Häuser war eine ehemalige Wassermühle, direkt hineingebaut in die zerklüftete Schlucht. Früher schoss das Wasser durch die untere Etage, und in den beiden oberen Stockwerken befanden sich die Mühlentechnik und das zu lagernde Getreide. Jetzt waren die beiden oberen Etagen bewohnbar, und da der Mühlenteich durch eine teilweise schon eingestürzte Mauer gestaut war, rauschte der Bach nur noch bei Hochwasser nach starken Regenfällen durch den Mühlenturm.

Ich richtete mir mein Schreibzimmer im oberen Mühlenraum ein und hatte einen herrlichen Blick über das wilde Tal und den Bach.

Seitlich neben der Mühle lag das Hauptgebäude, ein in den Fels gebautes Langhaus, mit mehreren Zimmern, Küche, Bad und zwei Terrassen.

Unsere Mühle war kein kleines Ferienhäuschen, sondern etwas ganz Besonderes.

Ein Paradies. Unser Paradies.

Von nun an verbrachten wir dort unsere Ferien, und es war mehr als abenteuerlich. Einsamkeit pur, nur in Gesellschaft von Skorpionen, Vipern, Wildschweinen, Stachelschweinen, Füchsen, Rehen und Wölfen, die zum Bach kamen, um dort zu trinken. Außer dem Zirpen der Grillen war es in diesem Tal absolut still, nur nachts schreckte man auf, wenn sich dicke Riesenkröten über den Kies schoben und es sich anhörte, als ginge da ein erwachsener Mann.

Aber selbst im Hochsommer bei durchschnittlichen fünfunddreißig Grad zogen wir abends um sechs unsere Jacken an, weil die Sonne hinter den Bergen verschwand und es kühl wurde. Wenn ich dann um sieben mit dem Hund zum Abendspaziergang aufbrach und das nächste Dorf erreichte, saßen die Männer im grellen Sonnenschein hemdsärmelig auf der Piazza. Noch bis neun oder zehn Uhr abends.

Während ich in mein kühles, dunkles Tal zurückwanderte, begriff ich allmählich, dass an unserem Leben in Italien etwas nicht stimmte: Wir waren nicht in der Toskana – wir waren eher im Fichtelgebirge.

Und von diesem Tag an wollte ich nach oben. Auf den Berg und in die Sonne. Dem Himmel ganz nah sein.

Wir begannen erneut zu suchen. Nach einem Haus, in dem wir nicht nur Ferien machen, sondern für immer wohnen konnten.

Ich bin Schriftstellerin. Schreiben kann ich überall. Und die Toskana erschien mir nicht nur als der geeignetste, sondern auch als der schönste und erstrebenswerteste Ort schlechthin.

Ein halbes Jahr später fanden wir durch den Tipp eines Nachbarn ganz in der Nähe unseres Tales eine Ruine. Einen bewachsenen Steinhaufen, der einmal ein Haus gewesen war. Hoch oben auf einem Berg, umgeben von jeder Menge Land, zugewuchert mit meterhohem Gestrüpp. Erreichbar nur, indem man sich mit einer *penata*, einer Machete, einen Pfad durch die dornigen Büsche schlug.

Der Besitzer war ein ungemein sympathischer, gemütlicher Knuddelbär, der im kleinen Dörfchen gegenüber wohnte, vom Steinhaufen nur durch ein weitläufiges Tal getrennt. Er half uns, den Weg zur Ruine freizuschlagen, und konnte sein Glück nicht fassen, dass wir uns vor Entzücken und Begeisterung gar nicht mehr einkriegten, weil wir endlich das Ende der Welt und den einsamsten und abgelegensten Ort dieser Erde entdeckt hatten.

Denn hier gab es wirklich nichts: Kein Haus, keine Straße, keinen Strom, kein Wasser – *niente.*

Über den Preis für dieses vierundzwanzig Hektar umfassende Fleckchen Nichts mit dem herrlichen Panorama-Blick wurden wir uns schnell einig, wir vertrauten dem Knuddelbär völlig und ließen uns blind und ohne die geringsten Sprachkenntnisse auf das merkwürdige System ein, wie man in Italien ein Haus kaufte.

Man machte einen Vorvertrag, den *compromesso,* schrieb dort den wirklichen, den reellen und zu zahlenden Preis hinein und zahlte einen Teil der Kaufsumme an. In der Regel dreißig Prozent, aber das war Verhandlungssache.

Wenn jetzt der Käufer vom Kauf zurücktrat, weil er kalte Füße bekommen hatte, war das Geld futsch, der Verkäufer konnte es verjubeln und sich einen neuen Käufer suchen.

Wenn der Verkäufer vom Verkauf Abstand nahm, weil er sein Haus doch lieber seinem Sohn oder seiner Tochter überlassen wollte, musste er die Anzahlung zurück- und dieselbe Summe noch einmal dazuzahlen.

So riskierten sowohl Käufer als auch Verkäufer, dass die Summe der Anzahlung verloren war, wenn man nicht zu seinem Wort stand.

Gleichzeitig gewann man als Verkäufer aber auch die Zeit, sich eine neue Bleibe zu suchen und mit dem Geld des *compromesso* als Anzahlung die Finanzierung auf die Beine zu stellen.

Beim Notar wurde dann der *compromesso* feierlich zerrissen – der Notar ging höflichkeitshalber für ein paar Minuten hinaus, nach dem Motto: »Mein Name ist Hase, ich weiß von nichts« – und die gesamte Kaufsumme wurde bar oder mit bankbeglaubigtem Scheck auf den Tisch gelegt. In den offiziellen Kaufvertrag wurde eine fiktive, geringe Kaufsumme eingetragen, die der Notar, der seine Hände in Unschuld wusch, natürlich offiziell glaubte. Auf diese Weise sparte man viel Steuern.

Diese Handhabung war ungeschriebenes Gesetz, oder besser: allgemeine Praxis, denn mit allen möglichen Tricks Steuern zu umgehen ist in Italien Volkssport. Man ist der Meinung, Politiker können ohnehin nicht mit Geld umgehen und benutzen das Steuergeld vor allem für die eigene Fettlebe.

Jetzt ist das anders. In den letzten zehn Jahren sind unzählige neue Gesetze verabschiedet worden, und fast wöchentlich gibt es ein neues. Um ein Haus verkaufen zu können, benötigt man einen ganzen Schrank voller diverser Unterlagen, und jeder, der verkaufen will, muss wissen, dass es Tausende Euro kostet und mindestens zwei Jahre dauert, alle erforderlichen Papiere zu besorgen. Es wird alles fünffach kontrolliert, und somit hat der Staat eine Gelddruckmaschine für Kommunen, Notare und Geometer (Landvermesser) geschaffen.

Aber so weit waren wir noch gar nicht.

Wir orderten Geld aus Deutschland, ließen es uns bei der Bank auszahlen, denn Bargeld war Trumpf und neunzig Prozent aller Geschäfte wurden bar abgewickelt. Dann wanderten wir mit einer Plastiktüte voller Lire zu unserem Knuddelbär, um den Steinhaufen und das verwilderte Stück Toskana anzuzahlen.

Der Knuddelbär lebte mit seiner Frau, seiner Schwägerin, seinem Sohn und seiner Schwiegertochter in spe in einem uralten Haus inmitten eines kleinen mittelalterlichen Dörfchens.

Wir gingen zusammen mit einem Geometer zu ihm, weil beim *compromesso* nicht unbedingt ein Notar erforderlich ist.

Im zentralen Wohnraum hatte sich die gesamte Familie eingefunden. Das Zimmer war komplett aus Stein. So etwas hatte ich noch nie gesehen. Keine Fenster, aber steinerne Schränke und Regale und ein Kamin, der so groß war, dass man leicht einen Ochsen oder Elefanten darin hätte braten können. Früher setzte sich die Oma hinein, erklärte uns der Knuddelbär, direkt neben das Feuer, weil der riesige Raum nie richtig warm wurde und ihr beim Kartoffelschälen die Finger abfroren. Dort gab es außerdem noch ein Sicherheitsseil, mit dem Oma angebunden werden konnte, damit sie beim Kartoffelschälen nicht einschlief und ins Feuer fiel.

Der Raum war düster, gewaltig, fremd und beeindruckend zugleich.

Als wir uns alle vorgestellt und begrüßt hatten, machte sich der Geometer an die Arbeit, legte Kohlepapier zwischen die Blätter eines karierten Schreibblocks, schrieb mehrere Seiten voll, und wir hatten nicht die geringste Ahnung, was da stand. Nur Nummern von verschiedenen Flurstücken konnten wir erkennen.

Anschließend zeichnete er frei aus der Hand einen krumpeligen Kreis auf ein kariertes DIN-A5-Papier, mit einem Punkt darin. Das sollte unser Grundstück und den ruinösen Steinhaufen darstellen.

Alle waren mit der Kinderzeichnung durchaus zufrieden, und niemand wunderte sich.

Es dauerte ewig. Wir standen blöd da, langweilten uns und beobachteten die Leute um uns herum. Die kettenrauchende Frau des Knuddelbärs, die sicher erst Anfang fünfzig war, der aber bereits mehrere Zähne fehlten, ihre Schwester, die klein und krumm war, ein Dauergrinsen im Gesicht hatte und mit ihrem Stock unentwegt nervtötend auf den Boden tippte, der Sohn, der sehr ernst aussah, als würde ihn der Verkauf des Familieneigentums, in dem seine Großmutter aufgewachsen war, nicht gerade begeistern, und schließlich seine Angebetete, die so dünn war, dass man ihr das Halleluja durch die Rippen blasen konnte.

Und dazwischen stand der Knuddelbär und freute sich.

Als der Geometer fertig gemalt und geschrieben hatte, setzten die Zahnlose, die Krumme, der Knuddelbär, wir und der Geometer unsere Unterschriften unter die fliegenden karierten Blätter, und anschließend schütteten wir feierlich unsere Plastiktüte mit Millionen von Lire aus.

Der Knuddelbär meinte, er würde nicht nachzählen, schließlich wären wir jetzt Nachbarn, und er würde uns vollkommen vertrauen.

Abschließend umarmten wir uns alle, und schon brach der Knuddelbär in Tränen aus, dann die Zahnlose, dann die Krumme und dann wir. Nur der Sohn blieb ungerührt. Wir

17

lagen uns in den Armen, zum ersten Mal schwappte die gefühlvolle, romantische, italienische Seele über uns hinweg.

Daraufhin ging der Knuddelbär zu einem Steinschrank, holte Gläser und eine Flasche Rotwein heraus, wir prosteten uns zu, und schon fing die ganze Gesellschaft wieder an zu heulen.

Ich fand es wunderbar.

Das war eine Vertragsunterzeichnung wie vor hundert Jahren und ganz nach meinem Geschmack.

Wir konnten es selbst kaum glauben, aber wir hatten ein Fleckchen Erde gekauft, das jeden Normalbürger in die Flucht geschlagen hätte.

Und damit begann unser Abenteuer Toskana in Bella Italia.

Jetzt, vierzehn Jahre später, sitzen wir hier auf der Terrasse. Die Kisten sind gepackt, der Möbelwagen lässt immer noch auf sich warten. Zum Glück. Ich hab noch nicht *ciao* gesagt, sondern blicke erleichtert, wieder nach Deutschland zurückkehren zu können, aber auch voller Wehmut zurück.

Un disastro!

»Wie bitte? Ihr wollt nach Italien ziehen? Seid ihr jetzt völlig verrückt geworden? Ein Ferienhaus, meinetwegen. Schön und gut. Aber man zieht doch nicht ganz nach Italien! Ihr spinnt doch!«

»Es ist toll da auf dem Berg, Mama«, versuchte ich uns zu verteidigen. »Wir haben ein sagenhaftes Grundstück, einen sensationellen Blick, und jetzt müssen wir uns nur noch ein schönes Haus bauen.«

Meine Mutter schnaufte.

»Was wollt ihr denn da?«

»Schreiben kann ich überall, Mama.«

»Und Klaus?«

»Der fährt dann eben mal kurz nach Deutschland, macht eine Inszenierung und fertig. Wo ist das Problem?«

»Das Problem ist, dass du tausendvierhundert Kilometer von mir und von deinem Sohn entfernt bist.«

»Ihr seid beide erwachsen und könnt uns besuchen! Und wir besuchen euch. Es gibt doch Flugzeuge, Autos, Züge …, das ist doch nicht schlimm!«

Meine Mutter sagte nichts mehr, sondern brach in Tränen aus.

Und ich konnte sie sogar verstehen.

»Als Erstes müssen wir diesen zugewachsenen Pfad irgendwie in eine Straße verwandeln«, sagte Klaus ein halbes Jahr später, als wir den Berg und den Steinhaufen endgültig gekauft hatten. »Ohne Straße kommt kein Bauarbeiter, kein Handwerker, niemand zu uns hoch. Und wir brauchen unbedingt Strom. Ohne Strom geht gar nichts.«

Also organisierten wir ein Raupenfahrzeug, das eine Schneise durch die Wildnis fraß, die wir begeistert als »Straße« bezeichneten. Dass sie sich bei starken Regenfällen in eine Schlammwüste verwandelte, der Schlamm schnell wegschwamm und nur noch Felsbrocken zurückließ, merkten wir erst im darauffolgenden Winter.

Aber bereits vier Wochen nach Fertigstellung der Schneise stand ein geschniegelter und gebügelter *maresciallo della forestale* auf der Matte, der Chef der für Feld, Wald und Wiesen zuständigen Polizeibehörde unseres Bezirks. Er verdonnerte uns zu einer saftigen *multa* – einer Geldstrafe –, weil wir für die Schneise auf unserem eigenen Grundstück keine Genehmigung eingeholt hatten. Das Geld wollte er sofort und bar auf die Kralle.

Jahre später hörten wir, dass der *maresciallo* aus einfachen Verhältnissen stammte, mittlerweile aber zwei große Villen besaß. Im Chianti und außerhalb von Florenz.

Zum ersten Mal machten wir die Erfahrung mit einer *multa,* und obwohl wir jetzt gewarnt waren, gelang es uns kaum, in all den Jahren den an jeder Ecke lauernden Geldstrafen zu entgehen. Zu raffiniert ist dieses ausgeklügelte Finanzierungssystem des italienischen Staates.

Ich weiß gar nicht mehr, wie ich es zu diesem Zeitpunkt überhaupt schaffte, mit meinen mageren Italienischkenntnissen beim staatlichen Stromversorger ENEL einen Antrag zu stellen, damit Strom auf diesen einsamen Berg gelegt wurde. Ich weiß nur noch, dass ich ständig mit einem Wörterbuch in der Handtasche unterwegs war und zu Hause mit Hilfe eines Lehrbuches die Grammatik paukte, damit ich überhaupt Sätze bilden konnte. Für einen Grammatikfreak wie mich keine große Überwindung – im Gegenteil, es machte mir richtig Spaß.

Aber Klaus verweigerte sich. Er schnappte schnell und viele Vokabeln auf, merkte sie sich auch erstaunlich gut, ohne sie je geschrieben zu sehen, aber dachte nicht daran, sie zu grammatikalisch richtigen Sätzen zusammenzusetzen.

»Das ist mir alles zu mühsam«, sagte er. »Und vor allem dauert es Stunden, bis ich einen Satz zusammenhabe. Da kommt ja niemals eine Unterhaltung zustande. Nee, nee, lass mich mal.«

Auf jeden Fall erfuhren wir bei der ENEL, dass die Stromleitung spätestens in hundertfünfundachtzig Tagen gelegt werden würde. Das ist Gesetz. Aber man konnte sicher davon ausgehen, dass es auch keinen Tag früher geschah.

Ein halbes Jahr also, in dem wir blockiert waren, noch in der Mühle wohnten, nicht verkaufen, nicht bauen und nichts machen konnten.

Das fing ja gut an.

Jeden Morgen wanderten wir eine Dreiviertelstunde mit Nudelsalat und Wein in der Kühltasche auf unseren Steinhaufen und warteten auf die Handwerker. Sprich: zuerst einmal auf den Bagger, der die Ruine teilweise wegreißen, die wilde Vegetation beseitigen und die Baustelle begradigen sollte.

Wir warteten und picknickten, und niemand kam. Dann wanderten wir über Stock und Stein, bergauf und bergab wieder zurück.

Am nächsten Tag dasselbe Spielchen, aber wir lernten es einfach nicht. Wir glaubten jedes Mal felsenfest, nicht vergeblich auf den Berg zu steigen.

Der Baggerfahrer hatte gesagt, er käme Montag um neun, aber er kam erst Donnerstag um elf. Dann arbeitete er mutterseelenallein anderthalb Stunden, schob ein paar Steine durch die Gegend und fuhr wieder weg, um seine albanesischen Hilfsarbeiter, die er auf irgendwelchen Baustellen verteilt hatte, abzuholen.

Jedes Mal flehten wir ihn an wiederzukommen, jedes Mal versprach er uns hoch und heilig, am nächsten Morgen pünktlich zu sein und dann eine Woche durchzuarbeiten, aber das passierte nie.

Mal war seine Frau krank, mal das Wetter schlecht, mal das Auto kaputt, mal hatte er sich auf einer anderen Baustelle verletzt – immer war irgendwas.

Wir konnten nichts machen, wurden aber allmählich sauer, zumal wir einen Vorschuss gezahlt hatten, damit er überhaupt kam.

Damals wurden wir fast verrückt, weil uns langsam dämmerte, dass der Bau erst in zehn Jahren fertig sein würde, wenn es in diesem Tempo weiterging. Heute weiß ich, wie es in Italien läuft (oder besser gesagt nicht läuft), man ist stinksauer, aber es nützt nichts, sich aufzuregen. Man kann dadurch die ganze Sache keine fünf Minuten beschleunigen.

Also beschlossen wir, die Wartezeit zu überbrücken, indem wir nach Wasser suchten und einen Brunnen bohrten. Freunde empfahlen uns, Don Matteo zu uns zu bitten. Er verbrachte jedes Jahr sechs Monate in der Wüste, suchte dort nach Wasser und bohrte Brunnen. Dann würde er ja wohl auch auf einem toskanischen Berg Wasser finden.

Don Matteo kam und mit ihm das halbe Dorf. Das Schauspiel, wie Don Matteo Wasser fand, wollte sich niemand entgehen lassen.

Don Matteo war ein uralter Mönch und trug über seiner Kutte einen ebenso uralten Anorak. Er hatte ein goldenes Pendel in der Hand und fragte uns, wo wir denn gern einen Brunnen hätten. Wir zeigten ihm die Stelle, er nickte, die Dorfbewohner stellten sich im Kreis um ihn herum, und er begann, sein Pendel kreisen zu lassen.

Alle sahen andächtig zu, niemand sagte einen Ton. Die einzigen Geräusche, die man hörte, waren die ungeniert lauten Pupse des Paters, was ihn selbst überhaupt nicht zu stören schien. Aber ich konnte sehen, dass sich so manch einer mühsam das Lachen verkniff, wenn sich der Brokkoli wieder lautstark Gehör verschaffte.

Nach unendlich langen Minuten hielt er inne, deutete auf eine Stelle und sagte: »Hier. Hier findet ihr Wasser. In achtzig Metern Tiefe schon ein wenig, aber ihr müsst weiter bohren. Die eigentliche Wasserader liegt in hundertzwanzig bis hundertdreißig Metern Tiefe.«

Wie praktisch, dachte ich, gerade dort, wo wir den Brunnen bauen wollten, hatte er auch Wasser gefunden.

Don Matteo sprach zu guter Letzt noch ein Gebet, wollte sich abwenden, stolperte aber und fiel vornüber mit dem Gesicht in die Brombeeren.

Alles schrie auf, und man zerrte den Pater aus dem Gestrüpp. Er hatte jetzt ein ziemlich zerkratztes und ramponiertes Gesicht, aber er machte eine beschwichtigende Handbewegung, was so viel hieß wie: »Alles in Ordnung«, segnete noch einmal abschließend die Fundstelle und stopfte sein Pendel in die Anoraktasche.

Klaus begleitete ihn zu seinem Auto, das er am Fuß des Berges geparkt hatte.

»Was kriegen Sie von mir?«, fragte Klaus.

Statt einer Antwort winkte Don Matteo nur ab.

Aha, dachte Klaus, verstehe. Du wartest auf eine *donazione*, eine Spende. Er wollte ihm einige Scheine in die Hand drücken, doch wieder winkte Don Matteo ab.

Also stopfte Klaus ihm die Scheine einfach in seine Anoraktasche.

Gleich darauf spielten sich Dramen in Don Matteos Gesicht ab, während er mit gefalteten Händen neben Klaus den Berg hinunterschlurfte, denn er hielt es offenbar kaum aus, nicht zu wissen, wie hoch die *donazione* ausgefallen war.

Als ihn die Neugier fast zerriss, blieb er stehen und tat so, als ob sein Schnürsenkel aufgegangen war. Klaus ging ein paar Schritte voraus und sah sich dann kurz um. Don Matteo zog die Lire aus der Tasche, registrierte, wie viele Scheine es waren, strahlte und stopfte das Geld wieder zurück.

Für den Rest des Weges war er fröhlich und guter Dinge und schenkte Klaus zum Abschied ein Heiligenbildchen.

Da hatte Klaus also alles richtig gemacht.

Und der Pater hatte recht gehabt: In achtzig Metern Tiefe fanden wir Wasser, bohrten aber weiter. Und tatsächlich. In hundertdreiundzwanzig Metern stießen wir auf die eigentliche ergiebige Wasserader.

Für mich grenzt die richtige Voraussage des Paters bis heute an ein Wunder.

Inzwischen hatten wir die Wassermühle an einen Engländer verkauft und in einem Nachbarort ein winziges Zimmer gemietet. Ein düsteres Loch mit einem so schmalen Bett samt vollkommen durchgelegener Matratze, dass wir beide unweigerlich in die Mitte rollten und überhaupt nicht schlafen konnten. Aber es war Hochsommer, und in der Toskana war jede Hundehütte an Urlauber vermietet.

Noch saßen wir auf unserem Steinhaufen, hin- und hergerissen zwischen Hoffnung und Verzweiflung, kannten keine Menschenseele, die wir vielleicht anrufen und um Rat bitten konnten, und warteten.

Nach sechs Wochen sagte Klaus: »Vergiss es. So kommen wir nicht weiter. In den letzten Wochen haben sie Sand und Kies geliefert, eine tolle Betonmischmaschine aufgestellt, einen Bagger angekarrt – und das war's. Wir müssen uns was anderes überlegen. Zum Beispiel einen Italiener suchen, der die Bauleitung macht und seine Leute zusammentrommelt. Damit hier endlich was passiert. Ein Italiener weiß vielleicht einen Trick, wie man Handwerker herlockt.«

Ich fand den Vorschlag großartig, denn ich hatte es schon lange satt, auf dem Steinhaufen zu sitzen und zu warten und platzte fast. Schließlich konnten wir auch nicht Monate (oder wie es im Moment aussah Jahre) in Italien herumsitzen. Denn wir hatten in Berlin einen Job und Haus und Hof und Sohn und Hund.

Wir fragten den Knuddelbär. Er kannte Gott und die Welt, und zwar nicht nur in unserem Dunstkreis, sondern auch in Siena, wo er als Mitglied einer *contrade* des *palio,* als *contradaiolo,* aufgewachsen war.

Und natürlich konnte er uns auch sofort einen Bauleiter empfehlen. Er sei *molto bravo.* Sehr tüchtig.

Wir waren begeistert.

Erst sehr viel später lernten wir, dass die Italiener grundsätzlich erst einmal jeden als »*molto bravo*« bezeichnen (die eine Krähe hackt der andern kein Auge aus), auch wenn sich derjenige schon als ziemlicher *dilettante* ausgezeichnet hatte.

Wenn ein Italiener für einen anderen doch mal das böse Wort *stronzo* (Arschloch, Verbrecher) wählte, dann musste dieser schon als notorischer Lügner und Betrüger und durch diverse kriminelle Aktivitäten aufgefallen sein.

So lernten wir Emilio kennen und fanden ihn auf Anhieb sehr nett, charismatisch, clever, zupackend, kompetent, fantasie- und temperamentvoll und äußerst engagiert.

Aber Emilio war ein Produkt unseres Wunschdenkens, eine grandiose Fata Morgana. Tage – Nächte – Wochen brüteten wir mit ihm zusammen über den Bauplänen, erklärten ihm ganz genau, was wir wo und wie und warum haben wollten und zeichneten auch noch das kleinste Detail in die maßstabsgerechten und millimetergenauen Pläne ein. Dann beschriftete Klaus alles derart deutlich, dass es für jeden Vollidioten verständlich sein musste.

Da wir nicht ständig in Italien sein konnten, überließen wir die Baustelle nach einer Weile mitsamt der Pläne und einem *sacco di soldi,* einem Sack voll Geld, unserem vertrauenswürdigen Emilio, dem Bauleiter.

Er hatte schon so einige Ruinen ausgebaut und arbeitete anscheinend professionell. Dachten wir.

Emilio war ein Bild von einem Mann: größer als die meisten Italiener, mit weißem, lockigem Haar. Er war intelligent und hatte viel Kraft. So konnte er Balken allein durch die Gegend tragen und gelangweilten Maurern zeigen, was alles möglich war, wenn man nur wollte. Und er war jemand, dem sogar Italiener zuhörten und der einem ganzen Baustellentrupp Respekt einflößen konnte.

Emilio kannte uns mittlerweile gut, denn wir sahen uns fast täglich und trafen uns oft zum gemeinsamen Abendessen. Nach einiger Zeit waren wir regelrecht befreundet, er wusste, wie wir tickten, wie wir arbeiteten und was unsere Vorlieben waren. Wie keinem anderen war ihm klar, wie das Haus, das wir uns erträumten, aussehen musste.

Und so fuhren wir beruhigt zurück nach Deutschland.

In der kommenden Zeit schickte er uns ständig Berichte und Fotos vom Fortschritt auf dem Bau und über die einzelnen Bauabschnitte, Rechnungen über die Materialien, die er gekauft hatte, und Listen und Berechnungen über das, was noch vonnöten war.

Wir zahlten, und so oft wie möglich telefonierten wir mit ihm.

»Es ist alles prima, *tutto bene*«, sagte er immer wieder. »Ich habe alles im Griff, es wird das schönste Haus in der Toskana. Macht euch keine Sorgen.«

Aber die machten wir uns natürlich doch. Emilio konnte noch so engagiert und tüchtig sein, das ganze Projekt war einfach zu kompliziert, als dass man in Ruhe zu Hause sitzen und alles sich selbst und Emilio hätte überlassen können.

Emilio erwartete unseren nächsten Besuch im Oktober, da sollte das Haus so gut wie fertig sein – aber wir hielten es nicht mehr aus und erschienen unangemeldet schon Anfang August.

Schon als wir langsam auf das Haus zurollten, wurde uns übel. Das Gebäude, das in alter, rustikaler, typisch toskanischer Weise mit derben Feldsteinen erbaut und restauriert werden sollte, hatte Emilio in einem Anflug von Wahnsinn oder galoppierender Farbenblindheit nicht sand- oder lehm- artig, sondern blau verfugt.

Es sah zum Fürchten aus. Wie die Kulisse aus einem Fantasyfilm von Walt Disney erinnerte es in keiner Weise mehr an ein altes toskanisches Haus.

»Der Kerl muss verrückt geworden sein«, murmelte Klaus, und ich sah ihm an, dass er vor Wut fast platzte.

Emilio stand hinter dem Haus und sprach mit einem Maurer.

»Hast du sie nicht mehr alle?«, fragte Klaus statt einer Begrüßung.

»Ach, Klaus!«, sagte Emilio, »das ist aber eine Überra- schung! Wie schön! Ich hab noch gar nicht mit euch ge- rechnet!«

»Ja, das ist wirklich eine Überraschung. Sag mal, bist du nicht ganz bei Trost, das Haus *blau* zu verfugen?«

»Wieso? Ich finde, die Farbe passt hervorragend zu den alten Steinen. Die Farbgebung ist ein Zitat: Es erinnert an die Geschichte, die dieses Landgut zweifelsohne hat, an die Herbst- und Winterstürme aus Nord-Ost und an das Moos auf den alten Eichen, das in der Feuchtigkeit des Morgens bläulich schimmert. Es ist außerdem ein Lobgesang auf die ganzjährig silbrigen Oliven!«

»Du schimmerst auch gleich bläulich, mein lieber Freund!«, fluchte Klaus. »Ich habe in meinem ganzen Le- ben noch nie so einen Schwachsinn gehört und auch noch kein toskanisches Haus mit blauen Fugen gesehen. Weißt du, was du jetzt machst? Du kaufst dir einen automatischen Meißel und haust jede kleine einzelne Fuge wieder raus.«

Nun wurde auch Emilio langsam sauer, zumal er vor dem Maurer so abgekanzelt wurde.

»Ich bin hier nicht nur der Bauleiter, sondern auch ein Künstler! Verstehst du? Dieses Haus ist also mein Werk, meine Kreativität. Und weil ich es fantastisch fand, habe ich das Haus so verfugt.«

»Meinetwegen kannst du stundenlang ein durchgeknallter Künstler sein«, regte sich Klaus jetzt immer mehr auf, »das interessiert hier aber niemanden. Wer bezahlt, bestimmt. So ist das. Und jetzt gehen wir rum und gucken, was der begnadete Künstler noch so alles verzapft hat.«

Die blauen Karnevalsfugen waren erst der Anfang.

Bei unserem Rundgang durchs Haus und über das Grundstück fielen wir von einer Ohnmacht in die andere, zum Beispiel in der Bibliothek.

»Hier an diese beiden Wände, dem Kamin gegenüber, kommen die Regale. Von der Decke bis zum Boden. Für meine Bücher. Die Heizkörper können unter die Fenster«, hatte ich Emilio vor Monaten lang und breit erklärt, und er hatte genickt und sich alles notiert.

Aber jetzt prangte genau in der Mitte der Wand in Augenhöhe ein riesiger Heizkörper. Die erforderlichen Rohre liefen quer über die Wand.

»Will der uns ärgern?«, fragte ich Klaus.

In Küche und Bad ging es weiter: Hier hatten wir die Unterschränke mauern lassen, dann sollten nur noch *sportelli*, also hölzerne Türen, davor gesetzt werden. Aber die Räume für Spülmaschine und Waschmaschine waren zu schmal, sodass die Geräte nicht hineinpassten.

»Toll«, zischte Klaus, »also alles abreißen, alles raus, alles wieder auf Anfang. Und der Boden ist schon gelegt. Wo ist dein Zollstock?«, fragte Klaus, der fest damit rechnete, dass bei dem Teil mindestens dreißig Zentimeter abgebrochen waren.

»Zollstock? – Wieso Zollstock?«, fragte Emilio, »ich habe mein natürliches Metermaß immer dabei. Sieh mal hier, meine Armspanne, das ist genau ein Meter dreißig.«

Klaus brach fast zusammen.

Von der Terrasse aus hatte man einen weiten, herrlichen Blick über mittelalterliche Dörfer und Wälder und die Hügel der Toskana. Auf unseren Plänen war eine Seite der Terrasse fest mit dem Haus verbunden, der Rest ruhte auf zwei Säulen, sodass die fast quadratische Terrasse vier feste Stützpunkte hatte. Nun hatte uns Emilio dankenswerterweise noch eine dicke Säule zwischen zwei Säulen gesetzt, die keinerlei statische Bewandtnis hatte, den herrlichen Blick allerdings versperrte.

Klaus tippte sich nur noch an die Stirn und suchte den Maurer.

»Sandro!«, rief er, »komm mal mit dem Bagger und hau die Säule hier um!«

Sandro erstarrte.

»Wirklich? Ich habe drei Tage dran gearbeitet!«

»Ja, wirklich.«

Fünf Minuten später kam Sandro mit dem Bagger, und es dauerte keine zwei Minuten, da war die Säule nur noch ein Haufen zertrümmerter Steine.

Emilio stand daneben und sagte gar nichts. Ich wunderte mich, dass er nicht schon längst gegangen war. Vielleicht, weil er erst einmal sein noch ausstehendes Honorar kassieren wollte.

Herrlich. Der Blick war wieder frei, aber irgendetwas war merkwürdig, und ich musste einen Moment überlegen. Dann wusste ich es.

Von der Terrasse bis zum Rand des Pools waren es vier Meter. Ich hatte die Terrasse etwas erhöht und dann sanfte, breite Stufen hinab zum Pool haben wollen, damit man von der Terrasse aus aufs Wasser schauen konnte.

Emilio hatte es genau anders gemacht: Er hatte den Pool erhöht und die Terrasse auf der normalen Höhe gelassen, sodass man jetzt zwar die steinerne Poolumrandung, aber kein Wasser würde sehen können.

Klaus sagte dazu nur, was er schon ein paar Mal gesagt hatte: »Alles abreißen, alles weg, alles wieder auf Anfang!«

Mammamia. Emilio hatte offensichtlich alles verwechselt: links und rechts, oben und unten, vorne und hinten. Den Eingang zum Technikraum des Pools hatte er nicht hinten zum Weg hin angelegt, so wie von uns gewünscht und eingezeichnet, sondern vorn zur Terrasse, sodass man nun die Poolpumpe den ganzen Tag lang rumpeln und rumoren hören würde. Die Beleuchtung zur *Capanna* hinunter – einem kleinen Gästehaus, das wir später bauen wollten – hatte er nicht vorn am Weg, sondern hinten im Wald installiert. Die Wasserleitungen wiederum, die wir hinter dem Haus bei den Stallungen und Weiden brauchten, hatte er in unserm Vorgarten verlegt. Heizkörper hatte er in Abstellraum und Werkstatt vorgesehen, dafür aber keine im Büro. Wahrscheinlich hatte er die Baupläne verkehrt herum gehalten.

»Da haben wir noch eine Menge zu tun«, seufzte Klaus, »und es wird die Bauphase erheblich verlängern und das Ganze verteuern. Aber erst mal müssen wir sehen, was wir mit unserem Allround-Künstler, dem Meister der Baukunst, machen.«

»Du meinst, in welche Grube wir ihn werfen?«

»So ungefähr.« Klaus grinste. »Das wäre im Moment das Beste.«

Emilio stand steif wie ein Stock und mit auf dem Rücken verschränkten Armen am Pool.

»Bei aller Liebe, aber du bist ein Dilettant«, sagte Klaus zu Emilio. »Wir müssen jetzt gemeinsam überlegen, wie wir all das, was du vermurkst hast, wieder korrigieren können.«

Und dann tat Emilio das, was fast alle Italiener tun, wenn ihnen etwas zu schwierig wird: Er machte mit der linken Hand eine Bewegung, als würde er etwas nach hinten über seine Schulter werfen, stieg ohne ein weiteres Wort in seinen Wagen und fuhr davon.

»Und nun?«, fragte ich entgeistert. »Was passiert jetzt? Ich meine, wir müssen doch über all das reden? Das muss doch möglich sein! Schließlich kennen wir uns gut und sind Freunde. Da wird man doch wohl mal sagen dürfen, wenn der andere Mist gebaut hat.«

»Tja«, meinte Klaus, »normalerweise schon, aber in diesem Fall wohl nicht. Ich glaube, den sehen wir nicht wieder.«

Da saßen wir nun. Entsetzt und traurig zugleich.

Aber andererseits auch heilfroh, dass wir noch rechtzeitig gekommen waren, um den Schaden begrenzen und einiges reparieren zu können.

Jahre später haben wir oft und immer wieder an Emilio und seine Spinnereien gedacht, aber da saßen wir längst in lauen Sommernächten auf der Terrasse, hörten die Grillen zirpen und ließen den roten Wein im Glas funkeln. Der warme Sommerwind kräuselte ganz sanft das geheimnisvoll beleuchtete Wasser im Pool, und wir konnten es nicht glauben, dass wir es dennoch – irgendwie – geschafft hatten.

Italienische Pünktlichkeit

Im Lauf der Jahre haben wir begriffen, dass *der Italiener an sich* nicht wirklich unpünktlich ist. Nein! Jedenfalls hat er nicht das Gefühl, es zu sein, und er hat auch kein schlechtes Gewissen, ganz gleich, wann er kommt und was er jemals versprochen hat.

Er hat nur eine andere Auffassung von Pünktlichkeit oder ein völlig anderes Zeitgefühl.

Es gab auch nach der schier endlosen Bauphase noch Hunderte, ach was, Tausende Situationen, in denen wir unbedingt einen Handwerker brauchten: Die Waschmaschine war kaputt, die Stützmauer am Pool drohte einzustürzen, die Spülmaschine machte ihrem Namen alle Ehre und hörte gar nicht mehr auf zu spülen, der Brunnen gab kein Wasser mehr, oder mein Internet funktionierte nicht … Was auch immer: der entsprechende Handwerker musste her.

Mit Handwerkern zu telefonieren ist lebensnotwendig und wirklich das Erste und Wichtigste, das man in der fremden Sprache beherrschen muss. Notgedrungen lernt man es auch schneller, als eine Pizza zu bestellen.

Ich glaube, es war ein Montagmorgen – denn normalerweise gehen die Dinge immer am Wochenende kaputt –, als ich den Servicemenschen anrief, weil meine Waschmaschine keinen Mucks mehr von sich gab. Der entsprechende Handwerker hörte sich mein Problem geduldig an und sagte: »*Va bene.* Ich komme am Mittwoch.« Entweder »*la mattina*«, also morgens, was den Zeitraum zwischen acht und eins beinhaltet, oder »*il pomeriggio*«, nachmittags, was von zwei Uhr mittags bis in die Puppen, sprich 19 oder 20 Uhr, bedeuten konnte.

Also sagte ich meinen Autoreparaturtermin für Mittwochvormittag ab. Mein Geländewagen gab laute, merkwürdige Geräusche von sich, wenn ich über Stock und Stein fuhr, und leider musste der Wagen jeden Tag ein paar Kilometer über Stock und Stein fahren. Aber es half ja alles nichts. Dann musste der Wagen eben weiter bummern, der Waschmaschinentermin war jetzt wichtiger.

»Was für ein Blödsinn!«, sagte Klaus, »das haben wir doch schon hundertmal erlebt und kapiert: Wenn ein Italiener sagt: Ich komme morgen früh oder abends, ist es immer abends. Wenn überhaupt. Morgens meint er auf keinen Fall. Das ist nur, um dir die Hoffnung zu geben, dass dein Problem schnell gelöst werden kann. Wir hätten das Auto ruhig wegbringen können.«

Klaus hatte völlig recht, und wenn ich ganz ehrlich war, dann kam der Handwerker zu neunundneunzig Komma neun Prozent auch am Abend nicht. Wir hätten also getrost das Haus verlassen können.

Aber das schaffte ich nicht. Ich glaubte nun mal felsenfest an Verabredungen, saß zu Hause, blockierte alles andere und wartete.

Der Mittwoch kam. Obwohl Klaus es nicht ganz einsah, machte ich Dampf, und wir standen bereits um halb sieben Uhr morgens auf, damit wir mit dem Hundespaziergang und dem Frühstück fertig sein würden, wenn der Handwerker eventuell schon um acht Uhr auf der Matte stand. Denn es gibt nichts Schlimmeres, als ohne Morgenkaffee im Bauch italienisch sprechen und einen fluchenden Monteur, der über die schreckliche Anfahrt zetert, auf der Erde liegend vor der vor sich hin suppenden Waschmaschine ertragen zu müssen.

Um acht waren wir fertig. Die Hunde schliefen schon wieder, wir hatten gefrühstückt, die Küche war aufgeräumt – wir hätten den Papst empfangen können.

Nichts passierte.

Normalerweise aßen wir so gegen zwei Uhr zu Mittag. Damit tanzten wir in Italien schon mächtig aus der Reihe, denn der Italiener isst immer um eins. Um Punkt eins! Auch wenn Weihnachten ist, die Erde bebt oder der Hund im Sterben liegt. Um eins sind die Nudeln fertig, und die Familie versammelt sich zum *pranzo,* dem Mittagessen. Das heißt, wir hatten immer Probleme mit Besuchen von Handwerkern oder Freunden, da wir erst mit dem Essen begannen, wenn ganz Italien bereits satt war. Und bei uns konnte es auch leicht mal drei Uhr werden, bis das Mittagessen auf dem Tisch stand.

An Tagen wie diesen sagte ich also zu Klaus: »Komm, lass uns heute schon um eins essen, damit wir fertig sind, wenn der Waschmaschinenfritze eventuell schon um zwei, direkt nach der Mittagspause, kommt.«

Das brachte zwar unseren Rhythmus völlig aus dem Takt, aber wir fingen bereits um zwölf Uhr – für mich gefühlsmäßig direkt nach dem Frühstück – an, den Salat zu schnipseln, und aßen pünktlich um eins.

Um zwei war wieder alles picobello, und Klaus suchte schon mal einen Fünfer heraus, um dem fleißigen Waschmaschinenmonteur Trinkgeld geben zu können. So eine Fahrt durch die italienische Pampa zu einem einsamen Haus musste schließlich belohnt werden.

Um 16 Uhr rief eine Freundin an. »Kommst du auf ein Glas Wein rüber? Stell dir vor, mir ist ein kleiner Kater zugelaufen, den musst du dir unbedingt angucken.«

»Nein«, sagte ich. »Geht leider nicht. Ich warte auf einen Handwerker, weil meine Waschmaschine kaputt ist. Der kommt jeden Moment, und Klaus muss auf die Weide zu den Eseln, weil wir eventuell heute noch ein Junges bekommen.«

»*Va bene*«, meinte sie. »Na, dann vielleicht morgen. Oder irgendwann. Wenn deine Waschmaschine repariert ist.«

Wie weise. Die Gute war eben Italienerin.

Allmählich ging mir die Warterei auf den Keks. Ich hielt es bis halb sieben Uhr abends aus, dann rief ich meinen Lieblingsreparateur an.

»Tut mir echt leid«, schrie er ins Telefon, da er gerade bei offenem Fenster im Auto saß, »aber ich schaffe es heute nicht mehr. Ich komme Freitag gleich morgens um acht, oder direkt *dopo pranzo*«. Also nach dem Mittagessen.

Ich brach zusammen. Zwei weitere Tage ohne Waschmaschine, und Freitag wieder so ein Tag, an dem man nur wartet und nichts Vernünftiges machen kann.

»Warum haben Sie denn nicht angerufen und mir Bescheid gesagt?«, brüllte ich ebenfalls und hätte mich ohrfeigen können. Auf so eine sinnlose und blöde Frage bekam man von einem Italiener nie eine Antwort.

»Wie?«, rief er zurück, »die Verbindung ist so schlecht.«

Und dann schüttete er mich mit einem italienischen Redeschwall zu, von dem ich kein Wort verstand. Vielleicht erzählte er mir etwas vom hundertsten Geburtstag seiner Großmutter oder von der Waschmitteldosierung in Kammer drei bei sechzig Grad und dem Schongang Rapid plus – ich hatte nicht die geringste Ahnung.

Also sagte ich hilflos, als er eine Atempause machte: »Gut, dann bis Freitag.«

»*Certo*«, erwiderte er und legte auf.

Sicher ist ja nun in Italien gar nichts. Bis auf den Pace-Händedruck in der Kirche und die Pasta zum Essen vielleicht.

Alles andere steht in den Sternen.

So wie der Besuch unseres Waschmaschinenfritzen.

Natürlich kam an dem besagten Freitag niemand. Und es rief auch niemand an. Ich meldete mich auch nicht. Wäre mir blöd vorgekommen.

Die Waschmaschine wurde vollkommen überraschend drei Wochen später an einem Mittwoch um elf Uhr dreißig repariert. Eine Maus hatte ein Kabel durchgebissen und lag mausetot daneben.

Der Waschmaschinenfritze hatte Glück, dass wir zu Hause waren, denn er kündigte sich nicht an. Die ganze Angelegenheit dauerte keine zwanzig Minuten, das anschließende Ausfüllen der Formulare mit fünf Durchschlägen dauerte genauso lange, und Klaus ließ seinen Fünfer in der Hosentasche stecken.

Ein paar Jahre später, mitten im Winter, es herrschten fünf Grad unter Null, stand ich morgens eingeschäumt unter der Dusche. Es war wie in einem schlechten Film. Das Wasser wurde erst lau, dann kalt, dann eiskalt. Für mich unerträglich. Ich komme aus der Hölle, ich liebe die Hitze, das in

Deutschland und weiter nördlich weit verbreitete Eisbaden wäre mein sicherer Tod.

Also frottierte ich mir den Schaum aus den Haaren, und Klaus sagte: »Ich sehe mal nach, was jetzt schon wieder los ist.«

Die Therme hatte sich verabschiedet, spuckte Wasser, war kaputt, nichts ging mehr.

Und es war Sonntag. Wie immer in solchen Fällen.

An unserer Therme stand die übliche Adresse und Telefonnummer des *Servizio*, und dann der zauberhafte und betörende Satz, dass sie auch sonn- und feiertags von 9 bis 13 Uhr für Notfälle zur Verfügung stünden.

Wer sagt's denn? Paradiesische italienische Zustände.

Ich rief also die angegebene Handynummer an – es war 9 Uhr 30.

Doch zu hören bekam ich nur die automatische Ansage: *Il telefono della persona chiamata potrebbe essere spento o non è raggiungibile.*

Toll. Also hatte der für den Sonntag zuständige zuverlässige Kollege sein Handy in weiser Voraussicht gar nicht erst eingeschaltet.

Eine halbe Stunde später lief zumindest die *segretaria*, der Anrufbeantworter, und ich konnte meinen Namen und meine Telefonnummer hinterlassen, mein Problem schildern und um einen Rückruf bitten.

Natürlich meldete sich niemand bei mir.

Um 12 Uhr mittags rief ich wieder an. Diesmal hob der aufopferungsvolle Feiertagsdienst ab.

Mit warmer Stimme und liebreizenden Worten, um ihn nicht zu stressen oder zu verärgern, erklärte ich noch einmal mein Problem. Wir säßen in einer eiskalten Bude und hätten auch kein warmes Wasser.

Um nicht allzu aufdringlich zu erscheinen fragte ich anschließend, ob er vielleicht gleich am nächsten Morgen ganz früh kommen könne.

»Nein«, antwortete er scharf und mehr als deutlich, »Sie müssen morgen früh um acht Uhr im *ufficio* anrufen. Die machen die Termine. Ich weiß nicht, wo ich morgen überall eingeteilt werde.«

»Können Sie denn nicht jetzt noch kommen? Es ist schließlich ein Notfall!«

»Aber Signora, ich bitte Sie!« Er war so empört, dass er eine Pause brauchte, und ich konnte das Kindergeschrei im Hintergrund auf mich wirken lassen. »Jetzt ist es doch viel zu spät! Ich schaffe es gar nicht mehr bis zu Ihnen, ich hab um 13 Uhr Feierabend.«

Nun war es doch um meinen säuselnden Ton geschehen. »Ich habe ja auch schon um halb zehn und um zehn bei Ihnen angerufen! Da wäre es noch nicht zu spät gewesen!«

Ein sinnloser Satz, der immer unkommentiert bleiben würde.

»Melden Sie sich morgen früh im *ufficio*«, meinte er noch einmal abschließend und legte auf.

Und dann begriff ich: Den Feiertagsservice von 9 bis 13 Uhr gab es nur als Aufkleber auf der Therme, aber nicht wirklich. Der Aufopferungsvolle ließ seinen Anrufbeantworter laufen und ging erst ans Telefon, wenn es für Reparaturen grundsätzlich zu spät war.

Hätte ich mir eigentlich denken können.

Jetzt könnte der Eindruck entstanden sein, die Unpünktlichkeit der Italiener käme vor allem bei Handwerkern vor –

aber nein! Weit gefehlt. Das Phänomen zieht sich durch alle Gesellschaftsgruppen.

Als wir eine Verabredung mit einem Anwalt hatten, der sich für zwei unserer Esel interessierte, gingen wir fest davon aus, zumindest er würde pünktlich sein. Er hatte mich angerufen und gesagt, er käme am nächsten Tag zwischen zehn und halb elf. Er klang sehr ruhig und sprach klar und deutlich. (Wir haben die Erfahrung gemacht, dass gebildete Italiener viel deutlicher sprechen als ungebildete und auch wenn sie sich einer viel komplizierteren Wortwahl bedienen, wesentlich besser zu verstehen sind.)

Aber wir hatten es, selbst nach so vielen Jahren, immer noch nicht gelernt. Wir Idioten warteten, und wer nicht kam, war der Herr Anwalt. Um halb zwölf rief ich schon sehr angesäuert bei ihm an, und er meinte fröhlich, er käme nachmittags um drei.

»Da haben wir keine Zeit«, erwiderte ich spitz, weil ich es leid war.

»Dann melde ich mich wieder, um einen neuen Termin auszumachen«, sagte er. Bis heute hat er nicht wieder angerufen.

Ein anderes Mal, als einer unserer Esel sehr krank war, bat ich die Tierärztin zu kommen, und sie sagte: »*Va bene,* um drei bin ich da.«

Keine Tierärztin kam. Dem Esel ging es immer schlechter. Ich versuchte verzweifelt, sie telefonisch zu erreichen, aber ich hatte keine Chance, ihre beiden Handys waren ausgeschaltet.

Am nächsten Tag schrieb ich ihr eine wütende, ironische Mail, in der ich mich für ihre großartige Hilfe bedankte.

Wir hatten ein *appuntamento,* einen Termin, gehabt, sie war nicht gekommen, jetzt war der Esel tot.

Auf diese Mail reagierte sie gar nicht, und sie kam auch nie wieder zu uns.

Das waren so Momente in Italien, in denen man wirklich verzweifelte.

In einer Nacht, als in unseren Köpfen der Rotwein plätscherte, fasste Klaus die erste Lektion, die man in Italien lernen muss, folgendermaßen zusammen:

»Wir dürfen uns grundsätzlich nicht aufregen und müssen uns einfach daran gewöhnen, Schnecke. Wenn ein Italiener sagt, er kommt Mittwoch – dann kommt er auch. Man weiß bloß nicht, an welchem Mittwoch. Es kann auch der vor Weihnachten in fünf Monaten sein. So ist das eben.« Klaus amüsierte sich über seine eigene Rede.

Ich seufzte. »Weißt du, das wäre ja alles gar nicht so schlimm, wenn die Leute wenigstens anrufen und Bescheid sagen würden, dass sie nicht kommen können. Damit könnte ich leben. Aber es ruft ja wirklich niemand an. Kein Schwein sagt einen Termin ab.« Ich raufte mir die Haare. »Und ich kapier nicht, warum. Dabei telefonieren sie den ganzen Tag. Ohne Ende.«

»Pass auf«, sagte Klaus, grinste und nahm meine Hand. »Da wir hier nicht irgendwann vor lauter Ärger tot umfallen und auch keine Zornesfalten auf der Stirn bekommen wollen, machen wir jetzt Folgendes. Wir leben einfach lustig und fröhlich in den Tag hinein. Machen, was wir wollen. Ignorieren alle Absprachen, rechnen mit niemandem und telefonieren auch niemandem hinterher und stellen keine dummen Fragen, weil wir eh nur die üblichen Antworten von der kranken Oma oder so bekommen. Wir kümmern uns einfach nicht darum, sondern freuen uns nur wie blöde, wenn dann doch mal irgendwann einer kommt. Und das ist dann jedes Mal ein Fest, eine riesige Überraschung und ein großes Glück. So kann man Italien genießen, Kleene, nur so.«

»Hast ja recht.«

»Und weißt du, warum sich die Italiener immer in den Armen liegen und sich küssen und herzen, wenn sie sich treffen, als hätten sie sich Jahrzehnte nicht gesehen?«

»Nee.«

»Weil sie schon sechsundzwanzig Mal verabredet waren – aber jetzt, durch Zufall, hat es endlich geklappt.«

Wir lachten uns kaputt und tranken auf unsere Abmachung.

»Übrigens, letzten Dienstag war Massimo hier und hat den Kostenvoranschlag gebracht ...«

»Er ist der einzige Handwerker von allen, der pünktlich ist.«

»Genau. Er wollte um acht kommen, und um fünf vor acht war er schon hier. Da warst du gerade mit den Hunden unterwegs. Und weißt du, wie die Italiener Massimo nennen?«

»Nee.«

»Massimo *tedesco*.« Den Deutschen.

Die lieben Handwerker

Allmählich wurde es Herbst. Ein kühler Wind pfiff ums noch unfertige Haus, und hin und wieder peitschte der Sturm den Regen in die Räume, die endlich trocknen sollten.

Es war höchste Zeit, dass wir die Fenster und Türen bekamen.

Da wir nun keinen Bauleiter mehr hatten, mussten wir ständig zwischen Berlin und Italien hin und her fahren, was schrecklich anstrengend und nervtötend war.

Während sich Klaus um den Hydrauliker kümmerte, der unseren Technikraum unterhalb des Pools mit unzähligen unsinnigen Rohren und Ventilen langsam in einen Maschinenraum verwandelte, der eines Ozeanriesens würdig gewesen wäre, war ich dafür zuständig, den Tischler anzutreiben und bei der Stange zu halten.

Abends erzählten wir uns dann unsere Erlebnisse, Fortschritte und Niederlagen.

»Guck mal«, sagte Klaus im *stanza tecnica,* dem Technikraum für Pool und Wasser fürs Haus: »Hier hat uns dieser Hydrauliker, der Typ, der mit den Rohren tanzt, vier rechte Winkel gebaut. Da ist die Verstopfung vorprogrammiert. Morgen kann er den ganzen Salat wieder abmontieren. Und was war mit Carlo?«

Was für einen normalen Italiener die kranke Großmutter war, war für unseren Tischler der Lackierer. Er jammerte uns vor, dass die Fenster und Türen selbstverständlich seit Wochen fertig wären, und nun würden sie beim Lackierer schmoren. Der Kollege käme einfach nicht in die Puschen.

Da konnte unser Super-Tischler natürlich gar nichts dafür.

»Morgen kommen die Fenster und Türen«, sagte ich zu Klaus und seufzte, denn ich konnte es mir beim besten Willen schon lange nicht mehr vorstellen. »Morgen ist alles *pronto. Tutto bene.* Behauptet Carlo.«

Klaus lachte. Aber fröhlich klang es nicht.

Am nächsten Nachmittag kam Carlo wahrhaftig mit seinem klapprigen Laster angedonnert und stieg grinsend und sich die Hände reibend aus.

»Tut mir leid, dass ich jetzt erst komme«, begann er, »aber ich musste die Fenster noch beim Lackierer abholen.«

»*Certo«,* meinte ich schwach.

Er schleppte ein Fenster an, auf dem *cucina destra,* Küche rechts, stand und versuchte, es in die Fensteröffnung einzusetzen. Aber es passte nicht. Es war ungefähr fünfundzwanzig Zentimeter zu schmal. In alle anderen Fensteröffnungen der Küche passte es auch nicht.

Carlo brach der Schweiß aus. Ich stand nur da und sah ihm stumm zu, wie er haufenweise Fenster anschleppte – kein einziges passte!

Er wurde immer hektischer, und ich bildete mir sogar ein, dass sein Haar vor meinen Augen sichtbar ergraute.

»Zum Teufel, Carlo, was hast du denn für einen Zollstock«, fragte ich fassungslos, denn ich erinnerte mich, dass Carlo dreimal auf dem Berg gewesen war und Maß genommen hatte, und dabei hatte er erklärt, dass er das immer alles sehr sorgfältig mache, so eine Arbeit müsse schließlich *preciso* sein, *molto preciso. Preciso* war überhaupt sein Lieblingswort, und er schaffte es, es in jeden Satz dreimal einzubauen.

»Carlo«, sagte ich und hörte mich an wie Mami, »du hast dich ja nicht nur um Millimeter vermessen. Da könnte man vielleicht noch ein bisschen Zement zwischenschmieren. Aber bei dir sind es ja bei jedem Fenster zwanzig oder dreißig Zentimeter! Wir müssten das ganze Haus neu bauen, nur damit deine Fenster passen. *Porca miseria,* was ist denn los mit dir?«

Schweigend und mit seinem Laster voller Fenster und Türen trollte sich Signore Preciso, und der kalte Wind pfiff weiterhin durchs Haus.

Hübsch war auch, was der Elektriker veranstaltete, denn er verwandelte einen kleinen Raum, in dem der Sicherungskasten und die Heizungstherme untergebracht waren, in eine elektrische Schaltzentrale. Eine ganze Wand war zugepflastert mit Hunderten von bunten Kabeln, die alle irgendwie miteinander verbunden oder durch Schalter getrennt waren und dann in irgendwelchen Kästen, in Steckdosen oder ganz banal in der Wand verschwanden.

Es sah beeindruckend aus, aber leider funktionierte nichts. Am laufenden Band knallten die Sicherungen durch, aus Steckdosen sprangen die Funken, elektrische Geräte verschmorten, mal hatten wir Licht, mal nicht, mal in dem einen Stockwerk, mal im anderen, mal gab es heißes Wasser, mal nicht.

Jeden Tag war es immer wieder spannend festzustellen, was diesmal alles nicht funktionierte.

Der Elektriker war jedenfalls von allen Handwerkern der, der am häufigsten kommen musste, eigentlich war er ständig da, oder sagen wir mal: Er hätte im Grunde jeden Tag da sein müssen. Ich würde jedem raten, ein Zimmerchen für den Elektriker zu reservieren, damit man ihn einsperren kann, bis er wirklich fertig wird.

Das lag bei unserem Elektriker vor allem daran, dass er mit jeder neuen Aufgabe überfordert war und ständig irgendwelche windigen Provisorien bastelte, wodurch das Kabelgewirr in dem kleinen Zimmer immer mehr anschwoll.

Außerdem hatte er eine unkoordinierte, typisch italienische Arbeitsweise, mit der er sich oft selbst (und uns natürlich auch) das Leben schwermachte. Wenn wir ihn beispielsweise anriefen und sagten: »Hör zu, bei uns brennt das Licht im Pool nicht, die Lampenfassung der Laterne über der Bürotür außen ist völlig verrostet, da kann man keine Birne mehr reinschrauben, und das automatische Tor bewegt sich nicht, wir können also unser Grundstück gar nicht verlassen«, dann schwieg er bedeutungsschwer, als würde er nachdenken, und wir fühlen uns ernst genommen. In Wirklichkeit hatte er uns gar nicht zugehört, sondern seiner Liebsten, während wir redeten, eine SMS geschrieben.

Als er dann irgendwann nach dem dritten flehentlichen Anruf kam, hatte er natürlich keine Lampenfassung dabei, auch keinen Transformator für die Poolbeleuchtung und einen neuen Motor für das Tor erst recht nicht.

Also fuhr er wieder, und wir machten einen neuen Termin aus. Das bedeutete natürlich wieder vergebliches Warten.

Beim zweiten Mal hatte er den Motor dabei, aber den Transformator vergessen. Da mittlerweile der Blitz auch die

Internetantenne zerschossen hatte, mussten wir uns sowieso erneut verabreden.

Immer wenn der Elektriker da war, und er war oft da, ging ich in Gedanken durch alle Räume, versuchte mir alle Geräte in Erinnerung zu rufen, damit ich ja nichts vergaß, was er gleich noch mit reparieren könnte.

Dabei fiel mir ein, dass im Schlafzimmer seit unserem Einzug eine Steckdosenabdeckung fehlte und die Außensteckdose auf der Terrasse verkohlt war, und ich bat ihn, die Steckdosen zu ersetzen. Aber: *senza speranza.* Ein Elektriker kommt zwar immer mit einem vollgepfropften Lieferwagen angerumpelt, aber so etwas Außergewöhnliches und Spezielles wie eine Steckdose hat er natürlich nicht dabei. Was er in seinem Laster spazierenfährt, bleibt großes Elektrikergeheimnis.

Una festa

Endlich war der Tag gekommen: Das Haupthaus, das *casa principale,* war zumindest so weit fertig, dass wir schon mal einziehen konnten.

Als der Umzugslaster unsere Möbel und Kisten auf den Berg brachte, erschien uns das halbfertige Haus wie ein Schloss.

Wir packten mit Begeisterung die Kartons aus, stellten die Möbel auf und fühlten uns wie im Paradies.

Wenig später überlegten wir, ob es nicht gut und richtig wäre, eine Einweihungsfete zu machen und uns damit gleichzeitig bei den Handwerkern und allen, die wir während der ewigen Bauphase kennengelernt hatten, zu bedanken. Ich wusste, dass Klaus mit sich kämpfte, denn wenn er etwas überhaupt nicht vertragen konnte, dann waren es Feste, aber irgendwann sah er es ein.

Auf meiner Liste kamen immerhin über fünfzig Leute zusammen. Damit alle meine Einladung ernst nahmen, verschickte ich Briefe, anstatt anzurufen. Unsere Feier sollte um 18 Uhr 30 beginnen.

Ich kalkulierte, dass die Leute nach und nach eintreffen und sich dann erst einmal alles ansehen würden, also konnte man ungefähr um acht, halb neun mit dem Abendessen beginnen.

Nun begann eine fürchterliche Organisiererei. Ich konnte keine Nacht mehr schlafen, lag wach und machte im Kopf Listen, was ich noch alles erledigen musste.

Wir mieteten ein Zelt, denn auch im August gab es Regentage und Gewitter, engagierten einen Alleinunterhalter für die Musik, liehen uns Tische und Bänke aus einem benachbarten Dorf, das jedes Jahr zu Ferragosto große Feste feierte, wir kauften Plastikgeschirr und -bestecke und Tischdecken aus Papier, bunkerten Wasser, Weißwein und Grappa, fuhren nach Montalcino, um offenen Rotwein zu holen, was immer eine Reise von insgesamt fünf Stunden war, und überlegten uns die Zusammenstellung des Menüs. Ich war nicht in der Lage, fünfzig Leute mit fünf Gängen zu bekochen, aber in Castellino gab es eine Frau, Valeria, die machte das. Alles, was man sich wünschte. Sie kaufte ein, kochte zu Hause vor, karrte alles an, machte ein paar Dinge an Ort und Stelle noch einmal heiß, servierte, räumte ab und verschwand wieder. Und hinterher sah die Küche aus, als hätte darin niemals jemand irgendetwas getan.

Je näher das Fest rückte, umso mehr irritierte mich, dass niemand – wirklich niemand! – auf meine Einladung reagiert hatte, obwohl »um Antwort wird gebeten« darunter stand.

Verunsichert rief ich ein paar Leute an und hörte nur: »Aber sicher kommen wir«, »natürlich«, »*certo*«, »mach dir keine Sorgen«, »wir freuen uns« …

Aha, dachte ich. In Italien reagierte man nicht, man kam einfach. Im Telefonierland Nummer eins rief man eben nicht an. *Va bene.*

Und dann war der große Tag endlich da.

Als ich am Morgen aufstand, war der Himmel wolkenverhangen und schwarz. Der Wind pfiff, und in der Ferne grummelte Donnergrollen.

Ich dachte, ich spinne. Seit Wochen hatten wir keine Wolke am Himmel gesehen, Sonne satt, blauer Himmel und kein Tropfen Regen – und gerade heute so was. Das konnte doch wirklich nicht wahr sein.

Gegen 11 Uhr vormittags kamen vier Männer und bauten das bestellte Zelt auf, das wir bei diesem Wetter wohl auch bitter nötig hatten. Das ging ruck, zuck, und bevor wir es uns richtig anschauen konnten, waren die emsigen Zeltaufbauer auch schon wieder weg.

Erst eine Stunde später, als der Wind allmählich zum Sturm auffrischte, sahen wir, dass die so eilig Verschwundenen das Zelt einfach nur an einer Regenrinne festgebunden hatten, und jetzt marschierte es durch die Gegend. Klaus und unser erwachsener Sohn, der zusammen mit meiner Mutter am Tag zuvor eigens zu unserem Fest in Florenz eingeschwebt war, versuchten mit irgendwelchem Werkzeug »Camping-Heringe« zu improvisieren und das Flatterzelt in den Wiesenboden zu schrauben – aber ohne Erfolg.

Also rief ich die emsigen Zeltaufsteller, die ganz genau wussten, warum sie sich so schnell vom Acker gemacht hatten, an, und sie kamen maulend wieder und fixierten endlich das Zelt, das kurz davor war, wie ein Ballon von dannen zu schweben.

Am Nachmittag besserte sich nicht nur das Wetter, sondern auch unsere Laune. Valeria begann, das Buffet aufzubauen, und wir waren guter Dinge.

Um 18 Uhr 30 standen wir gestiefelt und gespornt wie doof herum und warteten auf die Gäste, aber niemand kam. Niemand!

Unsere Nervosität war kaum zu beschreiben. Was hatten wir denn jetzt schon wieder falsch gemacht? In Gedanken sah ich mich schon das ganze Essen portionsweise einfrieren. Das Zelt zu leihen, Valeria zu engagieren – es war alles umsonst gewesen.

Und dann war es, als ob sich auf Knopfdruck alle Schleusen öffneten. Um kurz nach acht kamen alle gleichzeitig. Ein Auto nach dem anderen rollte auf unseren *campo,* und sie parkten wild und sich gegenseitig zu, als hätten sie auch alle beschlossen, bis zum bitteren Ende zu bleiben. Aha: In Italien kam man zu einem Fest oder Abendessen frühestens um acht. Mein Wunsch, um halb sieben anzufangen, wurde stillschweigend ignoriert. So ist das, und daran gibt es nichts zu rütteln.

Die Besichtigung unseres neuen Hauses absolvierten alle in rasendem Galopp, dabei aber unentwegt *»complimenti«,* *»gratulazione«* oder *»bellissimo«* rufend, und dann setzten sie sich. Jetzt begann der wichtigste Teil des Abends: das Essen.

Es war wunderbar, Valeria hatte sich selbst übertroffen, alle schaufelten, und als wir fertig waren, standen die Ersten auf und begannen zu tanzen.

Offensichtlich sind die Rituale, wie eine Feier zu laufen hat, seit Generationen fest einstudiert.

Die Stimmung wurde immer wilder und ausgelassener, sogar meine Mutter, die sonst nicht krauchen konnte, tanzte wie verrückt, und der pensionierte Dorfschullehrer stand auf Blond und machte ihr schöne Augen, was meine Mutter sichtlich genoss.

Nur die ganz Alten und Scheintoten blieben sitzen.

Als dann zu vorgerückter Stunde keiner mehr schnaufen konnte, begann Teil drei einer italienischen Feier: die Singerei.

Giorgio, der Alleinunterhalter, hatte schon den ganzen Abend eifrig gespielt und gesungen, jetzt rückte er ins Visier unserer Gäste. Die Liedertexte, die er sang, las er vom Bildschirm seines Laptops ab, und als sich die Italiener um ihn scharten, stellte er die Texte grinsend größer. So war das wie Karaoke für Blinde.

Unsere Gäste brüllten die italienischen Schlager so laut und leidenschaftlich, dass es bestimmt bis in sämtliche umliegenden Dörfer hinüberschallte.

Erst als die Sonne aufging, erstarb die Musik, man blies zum allgemeinen Aufbruch, und die zugeparkten Autos wurden mühsam entwirrt.

Klaus und ich waren hellwach, stocknüchtern und unendlich glücklich.

Meine Mutter, die vorher verkündet hatte, sie würde spätestens um elf ins Bett gehen, war um halb sechs Uhr früh immer noch wach und räumte die Gläser weg.

Was für eine Nacht, was für ein Fest und was für ein Auftakt für unser Leben in der Toskana!

Telecom Italia

In den ersten Wochen auf unserem Berg hatten wir zwar alle Kisten ausgepackt, aber wir verbrachten die Tage damit, alles zu suchen, weil sich kein Mensch auf Anhieb merken kann, wo er welche Kleinigkeit verstaut hat und in welcher Schublade sich was befindet. Es war einfach noch kein System drin, und wenn doch, hatten wir es nicht im Kopf.

Aber wir fanden das Leben irrsinnig aufregend. Wenn wir ins Dorf fuhren, um ein paar Lebensmittel einzukaufen, dann war das ein kleines Abenteuer und ein erfolgreicher Beutezug. Archaischer konnte das Leben nicht sein.

Sogar unsere katastrophale Straße, die mehr einem felsigen Flusslauf mit gelegentlichen Schlammwüsten ähnelte als einer Straße und auf der wir uns mit unserem schweren Jeep bis zum nächsten Dorf eine halbe Stunde vorwärtskämpfen mussten, empfanden wir als grandios. Und was für ein Gefühl, wenn wir nachts nach Hause fuhren, bei absoluter Dunkelheit, Nebel und Regen, und wir stehen bleiben mussten, weil über zwanzig Wildschweine unseren Wagen belagerten und umkreisten.

Wir wollten mit niemandem tauschen und waren stolz auf unser einsames, schwer romantisches Leben.

Doch irgendwann muss auch der verrückteste Aussteiger wieder ein paar Kröten heranschaffen, zumal uns der Hausbau vollkommen blankgeputzt und »schlagartig verarmt« hatte, wie es ein Freund ausdrückte.

Wenn man auf einem einsamen Berg sozial nicht total verkümmern und von der Außenwelt vollkommen abgeschnitten sein wollte, brauchte man ein Telefon.

Wir konnten nicht ewig in die Sterne gucken, wir mussten dringend wieder mit unseren Mitmenschen Kontakt aufnehmen.

Sehr bald bekamen wir schmerzlich zu spüren, dass das Telefonieren mit unserem Handy nach Deutschland in der Minute einen Euro fünfzig kostete, was auf Dauer Unsummen verschlang. Fangen Sie einmal an, mit einer Bank in Deutschland zu verhandeln, mit einer Freundin zu plaudern, die Leidensgeschichte der Mutter anzuhören oder mit dem Lektor des Verlages über Ihr neues Manuskript zu diskutieren – da sind Sie schnell Hunderte Euro los.

Also musste ein Festnetzanschluss her.

Wir fuhren nach Arezzo, wo wir einige Wochen zuvor einen Telecom-Laden entdeckt hatten. In dem Geschäft war alles modernistisch, beinah futuristisch, und gaukelte den potenziellen Kunden vor, Italien sei bereits in der Moderne, im Hier und Jetzt, in der Neuzeit angekommen.

Die Angestellte, die ich auf höchstens achtzehn schätzte und die so schnell sprach, wie ein Maschinengewehr schießt, behauptete nicht nur, unseren Wunsch zu verstehen, sondern auch nachvollziehen zu können, legte uns fünf Formulare vor die Nase, und wie immer füllten wir alles aus und unterschrieben alles, auch auf die Gefahr hin, dass wir jetzt eine Waschmaschine gekauft hatten.

Wochenlang passierte gar nichts.

Zwei Monate später fuhren wir erneut zu dem Geschäft

in Arezzo, aber den futuristischen, ganz in Rot gehaltenen Laden gab es nicht mehr. Die leeren, ausgeräumten Räume wirkten nun heruntergekommen und deprimierend und sahen nicht aus, als ob sie jemals einen neuen Mieter finden würden.

Was nun?

Wir schrieben also einen Brief, in dem wir auf unseren unterschriebenen Antrag hinwiesen (den wir in Kopie beilegten) und freundlich um das Legen eines Telefonanschlusses baten. Dazu einen Lageplan unseres Hauses.

Nichts passierte.

Nach vier Wochen schrieben wir eine Erinnerung an unseren ersten Brief und legten diesen noch einmal bei.

Nichts passierte.

Als wir wiederum einige Wochen später zum Antikmarkt in Arezzo fuhren, bemerkten wir an einem hässlichen Gebäude am Rande der Stadt das Schild »Telecom Italia«. Aber dies war kein Telefonshop wie beim ersten Mal, sondern ein riesiges Bürogebäude.

Fantastisch. Genau das suchten wir. Denn da wir auf unsere Briefe an die Hauptstelle in Mailand keine Antwort bekommen hatten, kannten wir auch keine Adresse, keinen Namen, keinen Ansprechpartner der geheimnisvollen »Telecom Italia« in unserer Nähe.

Leider war gerade Wochenende (der Antikmarkt in Arezzo findet immer am ersten Wochenende im Monat statt), und wir konnten nichts ausrichten, aber gleich am Montag fuhren wir mit allen Briefen im Gepäck noch einmal hin.

Dort saß direkt am Eingang eine freundliche Signora, die etwas langsamer sprach als die Achtzehnjährige im Telefonshop. Wir schilderten unser Anliegen und baten darum zu erfahren, wer dafür zuständig sei. Was wir am dringendsten brauchten, war ein Ansprechpartner, zu dem wir jederzeit gehen und mit dem wir jederzeit reden konnten.

Aber gerade so etwas ist bei der Telecom Italia unmöglich. So jemanden gibt es nicht. Vielleicht auf dem Mond, aber nicht in Italia!

Die Freundliche lächelte unentwegt und gab uns lediglich eine *numero verde*, eine kostenlose Nummer, bei der wir anrufen und unsere Bitte vortragen sollten.

Zu Hause, als wir unsere Kräfte und Vokabeln zusammengesammelt hatten, stellten wir fest, dass man eine *numero verde* mit einem Handy nicht anrufen kann. Dazu braucht man ein Festnetztelefon, das wir nicht besaßen. Denn darum ging es ja gerade! Wie sinnvoll, dass man einen Festnetzanschluss nur bei einer Nummer beantragen konnte, die nur mit einem Festnetztelefon zu erreichen war!

Es war immer von Vorteil, beim Gärtner, Elektriker, Maurer, Hydrauliker und bei allen Freunden und Bekannten, die man auf dem Markt traf, sein Problem zu verkünden. Plötzlich fühlte sich jedermann zuständig und wollte den armen, vereinsamten Deutschen da oben auf dem Berg helfen.

So erfuhren wir von einem Mann, Elio, der vor seiner Pensionierung fünfunddreißig Jahre lang als hohes Tier bei der Telecom gearbeitet hatte, Gott und die Welt kannte und uns gerne bei dem dreißigjährigen bürokratischen Krieg, der jetzt beginnen sollte, helfen wollte.

Elio hörte sich noch einmal alles bisher Erlebte geduldig an (was bei einem Italiener selten ist), las die Briefe, die wir geschrieben hatten (was bei einem Italiener noch seltener ist), und versprach, gleich seinen Freund Soundso in Dingsda anzurufen, der – so hörte es sich zumindest an – der liebe Gott der Telecom war und Berge versetzen konnte.

Wir konnten es kaum glauben: Elio war ein Schatz, ein Tausendsassa, ein Zauberer. Und unser Problem in Italien war eigentlich nur, dass wir noch viel zu fremd waren und viel zu wenig Vitamin B eingenommen hatten. Aber das würde sich sicher ändern, und dann lief alles wie geschmiert. Manchmal im wahrsten Sinne des Wortes.

Elio wirbelte, telefonierte und schrieb einen Brief, den wir nie zu Gesicht bekamen, aber bereits zwei Monate später rief die Telecom Italia an und kündigte einen *specialista*, einen Facharbeiter, an, der unser Grundstück begutachten und sondieren sollte, wo die Masten für die Telefonleitung gesetzt werden konnten.

Herrlich! Wir öffneten enthusiastisch eine Pulle Schampus.

Und tatsächlich erschien wenige Wochen später ein bärtiger Bär im Blaumann, der aussah, als wäre er geradewegs der Sesamstraße entstiegen, ging auf unserem Grundstück spazieren, sagte »oh«, »*va bene*«, »*allora*«, »*dunque*« und »*insomma*« und vieles mehr. Worte, die alles und nichts bedeuten und willkürlich und unwillkürlich in einer italienischen Unterhaltung herumfliegen, so wie bei uns »aha«, »ja, gut«, »na dann«, »also« und »schließlich«.

Er machte sich fleißig Notizen auf einem Zettel in seiner Klemmmappe und entschwand nach einer halben Stunde mit seinem kleinen roten Fiat, auf dem »Telecom Italia« stand. Solchen Fiats war ich schon oft begegnet, sie schienen allgegenwärtig, weil offensichtlich überall die Telefone kaputt waren, und alle hatten eine Leiter auf dem Dach. Daran erkennt man übrigens zuverlässig die Telecom Italia.

Niemand sonst hat eine Leiter auf dem Dach, nur die Telecom, und keiner weiß, warum.

Wieder bekamen wir einen Antrag, den wir ausfüllten, unterschrieben und zurückschickten.

Wochenlang passierte gar nichts.

Dann schrieb uns die Telecom Italia, dass unsere Adresse nicht existiere und darum alle weiteren Aktionen eingestellt werden müssten.

Bei aller Liebe, *amici,* aber wie hatte der tolle *specialista* von der Telecom, dieser Bär im Blaumann, überhaupt hergefunden, wenn es diese Adresse nicht gab? Und wie sollte uns denn der Brief mit der Mitteilung, dass wir ein Geisterdasein auf Wolke siebzehn führten, überhaupt erreichen?

Das Theater ging weiter.

Unser guter Elio telefonierte und schrieb erneut, und Monate später kam der nächste *specialista* angerauscht. Dieser gute Mann erschien uns wesentlich ernsthafter und glaubwürdiger, er ging viel mehr ins Detail und unterhielt sich mit Klaus über alles, was unbedingt erledigt werden müsste.

Zum Beispiel sollte Klaus von unserem Haus bis an die Grundstücksgrenze in Richtung des nächsten Telecom-Mastes, der von Legna zu einem anderen einsamen Haus führte, einen Graben ziehen, damit die Leitungen in die Erde gelegt werden konnten.

Der *specialista 2* hatte viele Unterlagen dabei und schien so gut vorbereitet, dass wir ihm einfach glaubten. Obwohl wir uns natürlich fragten, wie er Lagepläne von einem Anwesen, dessen Adresse nicht existierte, überhaupt dabeihaben konnte.

Aber wir hatten in Italien bereits gelernt, beredt zu schweigen und nicht weiter nachzufragen.

Hauptsache, es lief wenigstens irgendwas.

Wir bekamen wieder einen Antrag, eine neue Antragsnummer, und schickten den ganzen Sums unterschrieben zurück.

Klaus ackerte einen Monat lang mit seinem Arbeiter wie ein Verrückter, um diesen Graben in die Erde zu bekommen – eine Knochenarbeit bei einem Gelände, das unglaublich steinig ist und zum großen Teil aus Fels besteht. Und das Irrwitzigste war, dass es verboten war, für derartige Arbeiten im Wald einen Bagger zu benutzen.

Es handelte sich immerhin um eine Strecke von dreihundertzehn Metern, und alle fünfundzwanzig Meter hatte Klaus einen *pozzetto* (Kontrollschacht) gebaut und viele gespenstisch riesige Rollen Leerrohre verlegt. Denn wir wollten die hässlichen Telecom-Masten nicht direkt am Haus sehen. Wir hatten die Stromleitungen in die Erde gelegt, dann sollte dies jetzt auch mit den Telefonleitungen passieren.

Als die Leerrohre verlegt waren, warf er den Graben wieder zu.

Jetzt würde es sicher schnell gehen.

Aber wieder passierte wochenlang gar nichts.

Dann bekamen wir wie durch ein Wunder zu der nicht existierenden Adresse einen Brief, in dem die Telecom Italia »um etwas Zeit« bat, was immer das auch heißen mochte. Fünf Jahre? Zehn Jahre? Zwanzig Jahre?

Sie wollte alle Anlieger, alle Marios, Pieros und Marcellos anschreiben und um Erlaubnis fragen, ob über deren Gelände, das außerhalb unseres Zaunes lag, eine Leitung gespannt oder sogar ein *palo*, ein Mast, aufgestellt werden durfte.

Man muss dazu wissen, dass es sich hier um Wildnis handelt. Zugewuchertes Brachland, das Bauer Marcello vielleicht – wenn überhaupt – vor fünfzig Jahren das letzte Mal gesehen hatte. Aber die Italiener sind sehr genau und Weltmeister darin, schlafende Hunde zu wecken.

Doch unser Optimismus war unerschütterlich. Wir vertrugen uns mit allen Nachbarn bestens, also würden sicher alle sofort und ohne langes Hin und Her ihre Zustimmung für die Überlandleitung geben, damit ihre armen einsamen *amici* da oben auf dem Berg endlich Mami und Papi anrufen konnten.

Drei Wochen später bekamen wir von der Telecom Italia kommentarlos irgendwelche diffusen Katasteramtsblätter zugeschickt, aus denen zu ersehen war, über wessen Land die Leitungen laufen sollten.

Was sollte das? Sollten wir uns selbst um die Genehmigungen bei den Nachbarn kümmern?

Wir wussten nicht, wie wir reagieren sollten, also machten wir es italienisch und reagierten gar nicht.

Einige Wochen später bekamen wir einen Kostenvoranschlag, der sich auf einen der x Anträge bezog. Wir sollten das Setzen der Masten bezahlen, beziehungsweise uns zumindest beteiligen, und die Summe belief sich auf fünftausenddreihundertfünfundzwanzig Euro.

Auch das akzeptierten wir. Es ist ein Luxus, mit viel Platz in der Einsamkeit zu wohnen, darum muss man in einigen Bereichen auch dafür bluten.

Dann trudelte ein Päckchen ein. Ein Modem für das nicht existierende Telefon. Toll! Wir waren ganz nahe dran. Wenn uns die Telecom Italia schon einen Kostenvoranschlag, den wir unterschrieben zurückschicken mussten, und ein teures Modem kostenfrei zukommen ließ, war die ganze Sache ja so gut wie perfekt.

Wochenlang passierte gar nichts.

Alle naselang rannten wir zu Elio nach Castellino und baten ihn, irgendetwas zu machen. Schließlich sei das Leerrohr verlegt, man müsse ja nur noch ein paar Masten setzen, die Leitungen spannen, und fertig. Die Hauptarbeit war getan, und Klaus schmierte sich seitdem jeden Morgen mit Voltaren ein, solche Schmerzen hatte er in der Hüfte.

Aber abgesehen davon – wo klemmte es denn jetzt?

Elio kümmerte sich, schrieb und telefonierte, und dann bekamen wir wieder einen Brief, in dem stand, dass unsere Adresse nicht existiere.

Alles ging wieder von vorn los.

Mammamia.

Voller Neid sahen wir in den kommenden Jahren Festnetztelefone in italienischen Haushalten, wo Telefone einfach klingelten und auch funktionierten, solange es kein Gewitter gab.

Für Live-Interviews mit Radiosendern gab ich in meiner Not, weil die Sender auf einen Festnetzanschluss bestanden und keine Interviews mit Handy machen wollten, als Kontakt immer irgendwelche italienischen Festnetzanschlüsse von Freunden an. Aber diese kapierten leider nie, warum sie während des Interviews still sein oder ihre lautstarke Unterhaltungen ein wenig dämpfen sollten.

Es war jedes Mal Stress hoch sieben.

So meldet sich ja auch jeder Italiener am Telefon nur mit *»Pronto!«.* Aber das sagt er nicht in freundlichem Tonfall, im Sinne von: »Hallo, wie schön, dass du anrufst, ich freue mich und hab grad ein bisschen Zeit, worum geht's denn?«

Nein. Er schreit es ins Telefon, ganz gleich, ob er zu Hause in der Küche oder im Auto sitzt, und man hat das Gefühl, es bedeutet: »Was ist denn los, verdammt noch mal, ich hab keine Zeit und keine Lust, jetzt zu telefonieren, du störst mich ohne Ende!«

Das schreckt ungemein ab.

Zumal der Anrufer, wenn er die *pronto* schreiende Stimme nicht hundertprozentig kennt, jetzt verzagt fragen muss: »Marco? Fulvio? Andrea? *Chi parla* – wer ist da?«

Und dann reagiert die entnervte Stimme bei irgendeinem Namen mit: »*Sì, sì, sì*«, und man weiß, mit wem man es zu tun hat.

Und so wurde ich automatisch ganz »italienisch« und schob dringende Anrufe tage- oder wochenlang vor mir her.

Natürlich telefonieren die Italiener ohne Ende. Sie haben *immer* ein Handy am Ohr. Aber die Frage, mit wem sie wirklich telefonieren, konnte ich in all den Jahren in Italien nicht klären.

1. Termine zu- oder absagen – das machen sie grundsätzlich nicht, wie wir wissen.
2. Die Liebste anrufen – nein! Das würde man schon am Tonfall hören.
3. Geschäftspartner oder schwierige Klienten erkennen sie auf dem Display und drücken das Gespräch weg. Das hab ich hundertmal beobachtet.
4. Nur wenn *mamma* anruft, gehen sie ran.
5. Aber das kann doch nicht der Grund sein, warum *alle* italienischen Männer immer und überall telefonieren?

Strano! Aber ein Geheimnis, das ich gerne einmal lösen würde.

Nur noch so viel: Wir haben den Kampf um ein Telefon zusammen mit Elio fünf Jahre lang geführt. Mit unzähligen Briefen und Telefonaten. Wir haben ganze Telecom-Abteilungen mit zig Mitarbeitern kennengelernt. Die ganze fröhliche und emsige Telecom-Familie. Aber wir haben nie ein Telefon bekommen. In all den Jahren nicht. Die Telecom Italia hat sich mit Händen und Füßen und mit der Da-stellen-wir-uns-mal-ganz-doof-Taktik dagegen gewehrt, uns auf den Berg ein Telefon zu legen.

Das Modem schimmelt immer noch in meinem Schrank.

Zum Beispiel: Fernsehen

Es war noch nicht in unserem »Skype-Zeitalter«, sondern in den Wochen und Monaten des Kampfes mit der Telecom Italia, als mich unser Freund Toto anrief und sagte: »Ich kann es nicht mehr ertragen, wie ihr da oben verblödet und vereinsamt und von Gott und der Welt verlassen seid. Was ist, wenn was passiert, und ihr könnt keine Hilfe holen?«

»Tja«, hauchte ich resigniert. »So ist das, da kann man nichts machen.«

»Doch«, sagte er. »Du weißt: 'nem Ingeniör ist nichts zu schwör! Ich setze mich in den nächsten Flieger und komme. Irgendwie werde ich dir Internet installieren. So geht das ja alles gar nicht!«

Was für ein Schatz! Und da er nicht nur Ingenieur, sondern auch Tausendsassa in allen Lebenslagen war, vertraute ich fest darauf, dass er selbst in Italien Unmögliches möglich machen würde.

Eine Woche später war er da. Von nun an saß er Tag für Tag von morgens bis abends am Computer und wirbelte, programmierte, probierte, telefonierte und was weiß ich noch alles, und er kam der Sache schon näher.

Ich kann nur leider nicht erklären, wie.

Er schaffte es sogar, ohne Italienischkenntnisse, aber mit Händen und Füßen, einem Techniker unser Problem zu erklären, und auf einmal wurde eine Schüssel in den Wald gestellt, und das Internet begann zu flackern, das heißt, wenigstens sporadisch zu erscheinen.

Dabei hätte sich mein liebster Freund Toto fast selbst umgebracht bzw. wäre umgebracht worden, denn eines Morgens, als er schon um sechs Uhr am Computer herumfummelte, bekam er einen unglaublichen Stromschlag, der ihn fast das Leben gekostet hätte. Er überlebte es nur, weil er Gummilatschen anhatte.

Unser begnadeter Elektriker mit dem Laster und seiner geheimnisvollen Fracht kam in diesem Fall sofort und stellte fest, dass – ach, du Schreck – das Haus nicht geerdet worden war. Keine Ahnung, wer das vergessen hatte – er sicher nicht. Irgendeiner seiner Kollegen.

Naturalmente. Certo. Es sind immer die andern. Immer. Du kannst einen Italiener niemals auf irgendetwas festnageln. Er wäscht seit Pontius Pilatus seine Hände immer in Unschuld.

Jedenfalls konnte Toto wie durch ein Wunder lebend wieder nach Hause fliegen, und wir hatten Internet.

Halleluja!

Im Haus gab es drei Fernseher. Einen kleinen Gebrauchsfernseher in der Küche, einen großen im Wohnzimmer, wo wir uns nur ganz außergewöhnliche Filme oder wichtige Fußballspiele ansahen, und einen winzigen auf der Terrasse für den Sommer, wenn sich das Leben fast ausschließlich im Freien abspielte. Und da das digitale Zeitalter auch schon in Italien begonnen hatte, hatten wir natürlich auch drei Decoder, die der Blitz eines Tages bei einem schrecklichen Gewitter alle zerschoss.

Da ich nicht in der Lage war, italienische Decoder so zu programmieren, dass sie nicht nur Berlusconis Tittensender, sondern auch deutsche Programme fanden, kaufte ich die neuen Decoder nicht im Supermarkt für neununddreißig Euro, sondern bei unserem geliebten Elektriker, der ein Problem mit Lampenfassungen und Steckdosen hatte, für einhundertzwanzig Euro das Stück, damit ich Garantie hatte und er sie mir auch gleich programmierte.

Es war wunderbar. Er rückte bereits nach zwei Wochen mit den Dingern an und begann, stundenlang zu fummeln. Die Kürzel der deutschen Programme, die mir wichtig waren, schrieb ich ihm auf.

Francesco bastelte wie ein Irrer. Pünktlich zum Mittagessen war er fertig und sagte: »*A posto. Tutto bene e arrivederci.*«

Als Francesco ging, war die ARD auf der Terrasse bei Programmpunkt 1056, das ZDF bei 2078, RTL bei 4599, SAT.1 bei 3415 usw. Im Wohnzimmer war die ARD bei 1231, das ZDF bei 4327, RTL bei 3445, SAT.1 bei 1078 usw. In der Küche war die ARD bei 2238, das ZDF bei 4987, RTL bei 1457, SAT.1 bei 2699 und so weiter.

Dennoch war ich ganz glücklich, dass wir überhaupt fernsehen konnten.

Schließlich ist es in Italien offensichtlich ein Grundrecht, fernsehen zu können, und aus dem Alltag nicht wegzudenken. Der Apparat flimmert in den italienischen Haushalten den ganzen Tag vor sich hin (und in der Nacht vielleicht auch, das weiß ich nicht), ganz gleich, ob jemand zuschaut oder nicht. Da kann der Papst zu Besuch kommen, der verlorene Sohn aus der Fremde heimkehren, ein Geschäftspartner wichtige Gespräche führen wollen – der Kasten dudelt unentwegt, Berlusconis Bikinimädchen hüpfen durchs Bild,

Talkgäste schreien sich an, oder dicke Köche hauen Tomate und Mozzarella in die Pfanne. Gleichgültig, in welcher Situation: Niemand kommt je auf die Idee, den Fernseher auszuschalten oder den Ton auch nur ein wenig leiser zu drehen.

Ein ganzes Land erlebt seinen Alltag vor der Glotze, nur wir auf unserem Berg hatten anscheinend ein Problem.

Aber ich war immer noch guter Dinge. Es gab ungefähr dreißig deutsche Programme, die mich interessierten, und es war ja schließlich nur eine Fleißarbeit, für jeden Raum eine Liste zu erstellen, in der genau aufgeschrieben war, welcher Sender welche Nummer hatte.

Merken konnte sich diesen Irrsinn des Nummernsalates niemand. Egal. Ich setzte mich hin, durchforstete bei jedem Apparat fünftausend Kanäle von Al Jazeera über Polonia 1 oder Dubai TV und schrieb die Nummern raus, die wir brauchten.

Auf Grund dieses grandiosen Systems war ein Zappen durch die Programme natürlich unmöglich. Erschwerend kam hinzu, dass, wenn man von 2545 mit der Fernbedienung einen Programmplatz weiter tippte, man nicht etwa auf 2546 kam, sondern auf 1265. Und das sollte mal einer verstehen.

Gut. Ich hatte also für alle drei Apparate in stundenlanger Arbeit Listen erstellt und fühlte mich großartig. So schwierig war das Leben in Italien gar nicht.

Dann war ich fertig, schaltete die Apparate aus und ging ins Bett.

Am nächsten Tag wollte Klaus die Tagesschau sehen.

»Kein Problem«, sagte ich, »wenn du auf der Terrasse gucken willst, musst du nur Programm 1056 eingeben, und alles ist prima.«

Aber unter dieser Nummer kam irgendein Sex-Kanal aus Frankreich.

Ich wurde fast wahnsinnig und versuchte herauszufinden, was passiert war.

Nach langem Hin- und Herprobieren kapierte ich. Es war eben so, dass man nach jedem Ein- und Ausschalten alle Programme neu suchen musste.

Das konnte einfach nicht wahr sein! Auch nicht in Italien!

Ich rief Francesco an, weil Klaus kurz davor war, sämtliche Fernseher und Decoder im Pool zu versenken.

»Ich kann daran nichts ändern«, sagte Francesco.

»Aber du hast die Programme nicht gespeichert«, erwiderte ich.

»Das geht nicht«, sagte er. »Weil du die deutschen Programme sehen willst. Die Decoder sind nur für Italien programmiert. Da siehst du die italienischen Programme immer auf den Kanälen eins bis sieben. Fahr nach Deutschland und kauf dir dort einen Decoder, dann hast du die Probleme nicht.«

Ich mag Francesco wirklich, aber in diesem Moment hätte ich ihn an die Wand klatschen können. Zumal es früher – vor dem Blitzeinschlag – wunderbar funktioniert hatte.

Und dann kam zu diesem Fernsehirrsinn noch etwas hinzu: Der Fernseher ging immer aus, wenn irgendjemand im Haus einen Wasserhahn aufdrehte, die Klospülung benutzte oder sich der Kühlschrank einschaltete. Das war eben so. Und Francesco war nicht in der Lage, es zu ändern.

Aber jetzt, wo wir uns jedes Mal, wenn einer auf der Toilette war, wieder durch den weltweiten Programmdschungel von fünftausend Posten klicken mussten, um das Mittagsmagazin, das wir eben noch gesehen hatten, wiederzufinden, waren wir dem Wahnsinn nahe.

Ich glaube, ich muss sicher nicht noch extra erwähnen, dass wir natürlich auch nicht die Wasch- oder Spülmaschine einschalten konnten, wenn wir fernsehen wollten … Ganz zu schweigen von der Kaffeemaschine!

Mittlerweile wissen wir, dass die ENEL – der staatliche italienische Stromversorger – ganz unterschiedlich hohe Stromkapazitäten in die Netze schickt. Mal mehr, mal weniger. So gut wie immer zu wenig. Und darum verabschiedet sich der Fernseher, wenn ein anderes elektrisches Gerät angeht. Ganz Schlaue werden jetzt sicher sagen, wir hätten doch einfach nur die KW für unser Haus erhöhen müssen … Liebe Leute, das haben wir alles getan. Wir haben eine riesige KW-Kapazität, aber wenn die ENEL nicht genug schickt, kann man nichts machen. Es ist also ein grundsätzliches italienisches Problem, dass der Fernseher ausgeht, wenn jemand den Wasserkocher einschaltet. Das liegt nicht an unserem vorsintflutlichen Hexenhaus.

Mit Francesco kamen wir nicht weiter. Er zuckte nur die Achseln und verlangte dreihundertsechzig Euro für die drei Katastrophendecoder und obendrein noch einhundertzwanzig Euro für die *manodopera*, das supertolle Programmieren der Programme.

»Du musst dir eben einen deutschen Decoder kaufen«, sagte er zum wiederholten Mal, und damit war für ihn das Thema beendet.

Steuern zahlen? *Niente!*

Auf unserem Grundstück gab es noch einen zweiten Steinhaufen, der einmal eine kleine Kapelle gewesen war, und
wir bekamen die Genehmigung, an dieser Stelle ein zwei-
tes, kleines Haus zu bauen.

Wir hatten vor, dort unsere Freunde unterzubringen,
wenn sie uns besuchten oder bei uns ein paar Tage Urlaub
machten.

Als das Haus fertig war, kam Klaus auf die glorreiche Idee,
es vielleicht auch als Ferienhäuschen an Touristen zu vermieten, um noch ein paar schlappe Euro in die Kasse zu spülen und interessante Gäste kennenzulernen.

Ich hatte zwar nicht viel Lust auf die zusätzliche Arbeit, die Feriengäste bedeuteten, doch ich sagte: »Meinetwegen. Aber dann machen wir es nicht schwarz, sondern
ganz offiziell und zahlen brav Steuern dafür. Ich hab keinen Bock auf den Heidenärger, den wir sonst kriegen, und
so was kommt immer raus. Du weißt, wie in Italien ge-
quatscht wird.«

Aber Steuern zu zahlen ist in Italien leider eine höchst
komplizierte Sache.

Also durchforsteten wir das Branchenbuch nach einem
Steuerberater in der Nähe, machten einen Termin und fuhren an einem sonnigen Märztag hin.

Natürlich waren wir auch zu diesem Büro eine Stunde mit dem Auto unterwegs, aber das war ja ein Klacks. Alles, was mit dem Auto in weniger als drei Stunden zu erreichen ist, ist für Italiener quasi »um die Ecke«.

In dem Steuerberaterbüro bekamen wir sofort einen Schlag, als wir eintraten, und dachten uns: Das kann ja nichts werden. Niemals kriegen die hier irgendwas auf die Reihe oder finden unsere Papiere wieder, falls wir hier was abgeben sollten. Niemals.

Denn in dem Büro sah es aus wie in einem griechischen Finanzamt: das ganze Zimmer vollgestopft mit ungeordneten Papierbergen, dass einem angst und bange werden konnte.

Hinter zugemüllten Schreibtischen hockten zwei junge Menschen, die offensichtlich noch nicht den Freitod als letzte Möglichkeit gewählt hatten und uns unverdrossen freundlich anlächelten: »Bitte, gehen Sie nur hinein. Signora Panini erwartet Sie.«

Signora Panini war noch gar nicht so alt, ich schätzte sie auf Ende vierzig, aber sie war bereits hinter ihren Papiertürmen in sich zusammengesunken und verkrüppelt und wirkte, als müsste sie dringend morgen pensioniert werden, um die Bürohölle zu überleben.

Doch sie lächelte tapfer. »Was kann ich für Sie tun?«

Wir begrüßten die *commercialista,* unsere Steuerberaterin, freundlich, nichtsahnend und hoffnungsvoll. Ich kam gleich zur Sache.

»Unser Gästehaus ist fertig, und wir möchten ab Juni vermieten. Offiziell natürlich. Und unsere Einnahmen möchten wir dann auch versteuern. Wie geht das?«

Die *commercialista* bewegte sich nicht. Sie starrte mich

an, als hätte ich ihr gerade gesagt, sie habe Krebs im End-
stadium.

Erst nach einigen Sekunden löste sich die Starre, und sie
sagte »*Oddio!*« – Oh Gott!

Klaus schob ein herrliches Foto von dem Gästehaus, das
wir *Capanna* nannten, über den Tisch, aber die *commercialista* sah es gar nicht an, sondern sagte nur robotermäßig:
»*Che bello!*« – Wie schön.

Schließlich stand sie auf, wühlte in einigen Schubla-
den, blätterte in einigen Akten herum und sagte: »*Allora*.
Ich brauche die Baupläne. Alles, was Sie haben. Grundris-
se, Fotos von innen und außen, sämtliche Maße, auch von
innen und außen, die Höhe der einzelnen Räume, die Einrichtung – alles. Fotografieren Sie jeden Zentimeter, und
dann kommen Sie mit den Papieren und den Fotos wieder.«

»Warum?«, fragte ich naiv. »Es interessiert doch niemanden, ob vor dem Fenster ein Korbstuhl steht oder nicht? Ob
im Badezimmer ein Spiegel hängt, oder ob wir in der Küche einen Gas- oder einen Elektroherd haben. Wir wollen
das Ding einfach nur anmelden, um keinen Ärger zu kriegen, und wollen wissen, wie wir es anstellen, in Italien Steuern zu zahlen. Da interessieren doch eigentlich nur unsere
Einnahmen!«

»Genau«, sagte die *commercialista* und seufzte. »Und gerade deswegen brauche ich das alles. Glauben Sie mir. Ohne
diese Unterlagen kommen wir nicht weiter.«

Wir verstanden das zwar nicht, erhoben uns aber, verab-
schiedeten und bedankten uns.

In Italien bedankt man sich ständig und für alles. Wenn
einem jemand auf den Fuß tritt, sagt man »*grazie*«. Und das
ist keineswegs ironisch gemeint, wie es in Deutschland wäre:

»Vielen herzlichen Dank, dass du mir auf den Fuß getreten bist, du Idiot!« Nein – der Italiener sagt es wahrscheinlich schon immer und überall automatisch. Und auch wir haben mittlerweile gelernt, uns ständig zu bedanken.

Zum Beispiel verabschiedet man sich auch so am Telefon:

»Ich gewähre Ihnen noch eine Frist von zehn Tagen. Wenn Sie bis dahin nicht gezahlt haben, übergebe ich die Angelegenheit meinem *avvocato* (Anwalt).«

»*Grazie.*«

So in der Art.

Zu Hause stand Klaus dann einen halben Tag am Kopierer (so etwas muss man in Italien zu Hause haben, da man öffentliche Kopierläden nirgends findet) und kopierte alles, was ihm in die Finger kam und wichtig erschien.

Da es in Italien sicherer ist und viel, viel schneller geht, selbst durchs Land zu reisen und wichtige Unterlagen direkt vorbeizubringen als mit der Post zu schicken, fuhr ich also wieder los und gab den ganzen Ramsch im Büro der *commercialista* bei der Sekretärin ab.

Drei Wochen lang passierte gar nichts, dann war erst mal Ostern und erst Ende April bekamen wir den nächsten Termin.

»Es ist Folgendes«, sagte die *commercialista*, »so können Sie die Capanna nicht vermieten. Es fehlt ein Vorraum vor dem Badezimmer.«

»Wie?« Ich bekam hektische rote Flecken im Gesicht. »Wieso das denn?«

»Das ist die Vorschrift. Vor jedem Badezimmer muss ein Vorraum sein. Nicht groß, aber ein Vorraum. Wichtig ist, dass vor dem eigentlichen Bade- und Toilettenraum zwei Türen sind.«

»Wieso?« Mehr konnte ich nicht sagen.

»Können Sie uns den Sinn dieser Verordnung erklären, Signora?«, fragte Klaus ruhig.

»Nicht wirklich.« Die *commercialista* war wenigstens ehrlich. »Wenn jemand das Bad betritt, soll er nicht sofort sehen, ob die Toilette besetzt oder frei ist. Er soll sich bemerkbar machen können.«

»Das kann er auch, wenn er anklopft. Und wenn das Haus nur ein Paar bewohnt, weiß man in der Regel, ob die Toilette besetzt ist. Und man weiß auch, *wann* der andere auf der Toilette sitzt, und braucht überhaupt nicht hineinzugehen.«

Von der *commercialista* kam nur das italientypische resignierte Achselzucken, was immer bedeutete: Ich verstehe den Quatsch genauso wenig wie du.

»Wir müssten also umbauen, um die Capanna vermieten zu dürfen?« Ich war jetzt richtig wütend.

»So ist es.«

»Aber so ein bekloppter Vorraum würde die Ästhetik des ganzen Hauses zerstören! Jeder Zentimeter ist wohl überlegt. Da passt alles zusammen. Direkt neben dem Bad ist der Eingang zum Weinkeller. Wenn wir da einen Vorraum vorbauen, kommen wir nicht mehr in den Weinkeller rein und machen das Wohnzimmer kaputt. Außerdem haben wir genau für diese Planung auch eine Baugenehmigung bekommen.«

»Ja, sicher, das ist ja alles prima, aber nicht, wenn Sie vermieten wollen.«

»Wer soll denn das kontrollieren, wenn wir auch ohne Vorraum vermieten?«

»Die USL – die staatliche Gesundheitsbehörde und Krankenkasse. Die kommen garantiert, wenn Sie die Capanna anmelden.«

»Ich dachte, dem Staat ist es wichtig, Steuern einzunehmen?«

»Öhhh.« Das war ein typisch italienischer Kommentar, ein geräuschvolles Mittelding zwischen Zucken und Aufstoßen, das die *commercialista* von sich gab, und was so viel hieß wie: »So ist es leider, ich finde es auch grauenvoll, und nur der liebe Gott kann es ändern.«

»Wir können also nur vermieten, wenn wir schwarz vermieten?«

»Richtig.«

»Aber die Capanna soll doch ins Internet!«

»Das ist gefährlich.«

»Und wenn wir erwischt werden?«

»Dann bekommen Sie richtig Ärger. Dann wird's verdammt teuer.«

»Aber was sollen wir denn jetzt machen?«

Wir sahen wohl so verzweifelt und niedergeschmettert aus, dass die *commercialista* aufstand und mit den Worten den Raum verließ: »*Un attimo, per favore.*« Kleinen Moment, bitte.

Das bedeutete, dass sie vorhatte, irgendwann wiederzukommen. In fünf Minuten oder in fünf Stunden.

Wir warteten und stellten fest, dass wir stark selbstmordgefährdet wären, wenn wir länger als zehn Tage in diesem Büro, das in der typisch italienischen Art mehr einer Gefängniszelle als einem Büro glich, arbeiten müssten.

Dementsprechend quälend vergingen die Minuten.

Nach einer Viertelstunde erschien die *commercialista* wieder mit einer Kollegin im Schlepptau, die eine rosa Rüschenbluse anhatte, in der sie wie aufgepumpt aussah.

»Signora Landini hat eine Idee«, begann die *commercialista*. »Es gibt da noch eine andere Möglichkeit.«

Klaus beugte sich interessiert vor. Das war das Wunderbare an Italien: Es gab immer eine Hintertür oder einen Umweg, der doch noch zum Ziel führte.

»Ich habe auf dem Grundriss gesehen, dass Sie auch im Haupthaus ein Gästezimmer haben, richtig?«, fragte Signora Landini.

»Ja, das stimmt. Aber es ist ziemlich klein.«

Die Aufgepumpte überhörte die Bemerkung.

»Und da ist ein Bad dabei?«

»Ja, natürlich.«

»Und ein separater Eingang?«

»Sicher. Das Bad kann man auch von der Terrasse aus betreten.«

»Warum vermieten Sie dann nicht offiziell das Gästezimmer im Haupthaus?«

»Weil es zu klein ist. Dafür kann man kein Geld nehmen. Und wenn, dann nur sehr wenig. Das lohnt sich nicht. Außerdem wollen wir keine fremden Leute in unserem Haus haben.«

»Sie verstehen mich nicht.« Die Aufgepumpte wurde leicht unwillig, und die *commercialista* war in Gedanken bereits nach Hause gegangen. »Sie vermieten natürlich die Capanna, geben aber offiziell das Gästezimmer im Haupthaus als Vermietungsobjekt an.«

»Und das merkt keiner?«, fragte ich ungläubig.

»Nein.«

»Wieso nicht?«

»Weil nachts keiner kommt und kontrolliert, wer wo schläft. Vielleicht funktioniert die Klospülung nicht, und die Gäste mussten ins Gästehaus ausweichen. Alles ist möglich.«

»Das ist ja wunderbar.«

»Ja.« Die Aufgepumpte lächelte jetzt zum ersten Mal. »Diese Form der Übernachtung heißt in Italien *bed and breakfast.*«

Wir trauten unseren Ohren nicht. In Italien hörte man so gut wie nie englische Begriffe, bei englischen Worten brachen sich die Italiener die Zunge. Und dann nannten sie eine italienische Übernachtungsform *bed and breakfast*? Das war ja alles nicht zu glauben.

»Wenn Sie *bed and breakfast* machen, müssen Sie für die Gäste Plastikgeschirr bereithalten, und in Ihrer Küche muss eine Kaffeemaschine stehen. Und zum Frühstück müssen Sie portionsweise abgepackte Marmelade anbieten.«

»Aber ich mache den Gästen doch gar kein Frühstück?« Ich verstand gar nichts mehr, und Klaus zuckte mit keiner Wimper.

»Das müssen Sie auch nicht. Aber die Möglichkeit muss gegeben sein.«

»Und wenn es richtiges Geschirr ist und kein Plastikgeschirr?«

»Es muss Plastikgeschirr sein.« Die Aufgepumpte seufzte über so viel Halsstarrigkeit. Sollten die beiden Deutschen doch froh sein, dass sich ihnen eine wunderbare Vermietungsmöglichkeit bot!

»Signora«, sagte Klaus, »es gibt im Haupthaus weder vor unserem noch vor dem Gästebad einen Vorraum.«

»Bei *bed and breakfast* ist der Vorraum nicht relevant, beziehungsweise nicht vorgeschrieben«, meinte die Aufgepumpte gelangweilt.

»Aber dort wäre die Gefahr viel größer, dass unerwartet jemand die Toilette betritt und einen Menschen auf dem Klo sitzen sieht.«

»*Madonnina*, Sie haben doch gar keine Gäste im Haupthaus! Die haben Sie doch in der Gästevilla! Wie soll dort
unerwartet jemand auf dem Klo erscheinen?«

»Aber in den Papieren steht, dass wir im Haupthaus Gäste
haben. Und das muss doch jedem italienischen Bürokraten
auffallen, dass es unlogisch ist, wenn gerade in dieser Kon-
stellation kein Vorraum vor dem Bad existiert.«

»Bitte, Klaus«, zischte ich, »lass es doch verdammt noch
mal gut sein!«

Der *commercialista* waren die Augen zugefallen, und die
Aufgepumpte sah Klaus mit einem Blick an, der ausdrückte: Ich stelle diese Frage jetzt zum allerletzten Mal, denn auf
gar keinen Fall diskutiere ich noch eine Minute länger. »Soll
ich jetzt den Antrag auf *bed and breakfast* bei der *comune* ein-
reichen oder nicht?«

»Ja, bitte!«, sagte ich schnell. »Das ist eine wunderbare Lösung. *Tante grazie!*«

Klaus schwieg.

Die Aufgepumpte stand auf und machte zig Kopien, vor
allem von den Haupthausplänen. Schließlich gab sie uns alle
Originale zurück und sagte: »Wenn ich Nachricht von der
comune habe, sage ich Ihnen Bescheid.«

»Wie lange wird das ungefähr dauern?«

»Drei Wochen.«

Oh, mein Gott, dachte ich, dann sind es mindestens drei
Monate, und dann ist die Saison schon so gut wie vorbei.

Auf der Fahrt nach Hause sagte Klaus nur einen einzigen
Satz: »Ich könnte mit dieser fürchterlichen Bürokratieblase
in Italien leben, wenn der Irrsinn in sich wenigstens logisch
wäre – aber dieser gequirlte Schwachsinn bringt mich um
den Verstand.«

Bereits eine Woche später meldete sich die *commercialista*.
»Können Sie vielleicht ins Büro kommen? Es gibt noch etwas zu besprechen.«

Am nächsten Vormittag waren wir wieder zur Stelle.

Die *commercialista* und die Aufgepumpte saßen traulich nebeneinander in dem Winzlingsbüro, nur dass diesmal die *commercialista* noch nicht eingeschlafen war.

Wir grüßten freundlich, setzten uns und warteten.

Die Aufgepumpte blätterte einen Stapel Papiere durch. »Wir haben mit einem Vertreter des *ufficio tecnico* der *comune* gesprochen«, begann sie. »Er hat sich die Papiere angesehen und gesagt, dass es unmöglich sei, das Gästezimmer im Haupthaus als *bed and breakfast* zu vermieten. Sie werden niemals die Genehmigung bekommen, da die Deckenhöhe fünf Zentimeter zu niedrig ist.«

Aha. Diese fünf Zentimeter verhinderten also einen erholsamen Urlaub. Na klar.

Wir schwiegen. Was sollte man dazu auch sagen.

»Es tut uns leid«, meldete sich die *commercialista* zu Wort, »aber so ist es. So sind die italienischen Gesetze. Sie haben also nur die Möglichkeit, in der Capanna den Vorraum zu bauen oder den Fußboden des Gästezimmers im Haupthaus abzusenken.«

»Wozu wir den Fußboden rausreißen und den Fels darunter mit einem Presslufthammer raushauen müssten«, bemerkte Klaus bitter.

»Oder Sie lassen das Ganze«, stellte die *commercialista* abschließend fest.

Wir standen auf.

Beim Abschied fragte Klaus die Aufgepumpte leise: »Wenn Sie an unserer Stelle wären – was würden Sie tun?«

Die Aufgepumpte lächelte und wirkte zum ersten Mal richtig sympathisch.

»Ich bin ohnehin immer davon ausgegangen, dass nur *amici,* nur Ihre Freunde, in der Gästevilla übernachten. Dagegen kann niemand etwas haben, und Sie müssen sich keinerlei Gedanken machen.«

Jetzt grinste auch Klaus.

»*Grazie*«, sagte er.

Hinterm Steuer

Wir waren auf dem Weg nach Montepulciano, um unsere Weinvorräte aufzufüllen. Dort gab es hervorragenden offenen Wein mit wenig Säure, ideal für Klaus' empfindlichen Magen, zu einem Preis von ein Euro siebzig pro Liter. Da konnte man nicht meckern. Wir hatten mehrere Siebzehn-Liter-Korbflaschen, und zu Hause füllten wir dann den Wein in normale Weinflaschen um und verkorkten ihn.

Das Dumme war nur die lange Fahrt nach Montepulciano und dann das stundenlange Waschen der Flaschen, das Abfüllen und Verkorken.

Ich fuhr, und Klaus döste vor sich hin.

In Castellino musste ich bremsen und warten, da Umberto von zwei Frauen über die Straße geführt wurde. Wir kannten Umberto ein bisschen, unterhielten uns ab und zu mit ihm, wenn er zusammen mit den alten Männern auf der Piazza saß oder wenn er von seiner Tochter zum Arzt geschleppt wurde. Umberto war gerade dreiundneunzig geworden, sah und hörte nicht mehr viel und konnte nur mit Unterstützung gehen. Es war eigentlich kein Gehen, sondern ein wackliges Vorwärtsschlurfen.

Es dauerte ewig, bis Umberto an einem kleinen roten Fiat angekommen war und sich auf den Fahrersitz setzte.

»Der will doch nicht etwa Auto fahren?«, fragte ich entsetzt. »Der ist doch halbtot und bekommt absolut nichts mehr mit!«

»Doch«, meinte Klaus amüsiert und resigniert zugleich. »Wer nichts mehr sehen, hören und schon gar nicht mehr laufen kann, fährt eben Auto. Das ist bequemer und geht schneller. Und mit hundertzwanzig wird man eingeschläfert.«

Ich musste lachen, dabei fand ich es alles andere als komisch.

Umberto fuhr los. Mit zwanzig Stundenkilometern. Und ignorierte jede Vorfahrtsregel. Er fuhr einfach nur geradeaus und würde auch ankommen. Da war ich mir ziemlich sicher.

Weil alle anderen auf ihn aufpassten.

»Ich habe Umberto schon oft im Auto gesehen«, erzählte Klaus, »und er parkt wie im Wilden Westen. Wo er will und wo sich ein normal denkender Mensch niemals mit seinem Wagen hinstellen würde. Es ist ihm alles wurscht. Neulich stand er direkt vor der Torausfahrt der *misericordia,* sodass kein Krankenwagen mehr rauskam. Und ein anderes Mal haben sie ihn weggeschoben, weil er am Markttag auf der Piazza stand. Dort, wo der Fischhändler seinen Stand hat. Das hat mir Gino erzählt. Umberto ist absolut schmerzfrei, und niemand nimmt es ihm übel. Er ist ja auch nicht der Einzige.«

»Das wusste ich ja gar nicht.«

»Ja, aber so ist das. Übrigens reißt Umberto, wenn er anhält, sofort die Fahrertür auf. Es ist ihm völlig egal, ob er gerade einen Fahrradfahrer umsemmelt oder ein vorbeifahrendes Auto zur Vollbremsung zwingt. Aber alle sind freundlich zu ihm und verzeihen ihm jeden Schwachsinn. Ein Phänomen. Vor allem, da die *carabinieri* ja ganz genau wissen, dass er hier rumtuckert und die Gegend unsicher macht.«

»Aber was sollen sie denn auch machen? Hier sind ja jede Menge Fünfundachtzig- bis Hundertjährige unterwegs.«

Ich überholte Umberto, und wir fuhren weiter, bis ich den nächsten Hundertjährigen vor mir hatte, der mit dreißig Stundenkilometern durch die Gegend schlich.

Der italienische Autofahrer auf dem Land fährt in der Regel einen weißen Fiat Panda. Das uralte Modell, bei dem sich sowohl am äußeren Erscheinungsbild als auch im Innenraum seit den siebziger Jahren nichts geändert hat. Es gibt keine Elektronik, und das Aufregendste am Fiat ist das Handschuhfach, in dem sich Werkzeug, Pizzareste oder Heiligenbildchen befinden.

Die meisten Fiat Panda haben einen Vierradantrieb (*quattro per quattro*) und süße kleine Stollenreifen. Somit sind sie zum italienischen Allround-Jeep mutiert. Mit diesem Vehikel erreichen die Jäger die entlegensten Reviere, fahren die Pilzesammler direkt durch das Waldesdickicht bis unmittelbar vor den Baum, in dessen Dunstkreis im letzten Jahr zwei *porcini*, Steinpilze, und fünf *gallinacci*, Pfifferlinge, wuchsen.

Einen Fiat steuern in der Regel Männer zwischen fünfundsechzig und hundert. Auf Straßen, auf denen man locker und gefahrlos achtzig Stundenkilometer fahren könnte, tuckern sie gemächlich mit dreißig Stundenkilometern durch die Gegend und bemerken generell nie, wenn sich hinter ihnen eine lange Schlange bildet, weil es keine Überholmöglichkeit gibt. Vor Kurven bremsen sie den Wagen stets abrupt und gnadenlos ab, wobei die Nachfolgenden nur einen Auffahrunfall vermeiden, weil sie ganz genau wissen, wer in so einem Auto hinterm Steuer sitzt und was die Gewohnheiten dieser Menschen sind.

Wenn so ein Fiat plötzlich eine Vollbremsung macht und ohne ersichtlichen Grund mitten auf der Landstraße stehen bleibt, dann nicht, weil eine Katze vors Auto gelaufen ist oder den Fahrer eine Wespe in den Hals gestochen hat. Nein, es hat einen ganz trivialen Grund. Der Fahrer bereitet sich seelisch darauf vor, rechts abzubiegen. Und das ist so eine liebe Sache. Den Feldweg muss man erst mal treffen, und so eine Neunzig-Grad-Abbiegung ist ein heikles Manöver, das man mit maximal fünf bis zehn Stundenkilometern äußerst vorsichtig angehen muss. Man weiß ja auch nicht, was einen auf dem Feldweg, in der kleinen Gasse oder ganz normalen Straße erwartet. Es könnte ja hundert Meter weiter ein Müllwagen stehen, es könnte einem auch eine Vespa entgegenkommen oder einen die Sonne blenden. Es gibt eine Menge gruselige Schicksalsschläge, und darauf will der italienische Autofahrer vorbereitet sein.

Kommst du einsam und allein mit achtzig auf einer gut ausgebauten Landstraße angefahren, und auf einem Feldweg steht ein Trecker oder der typische italienische Kleinwagen, dann kannst du sicher sein, dass er dich nicht vorbeilässt, um dann gemütlich und in Ruhe, ohne irgendjemanden zu belästigen, in die große Straße einzubiegen – nein, er wird losfahren, und zwar erst dann, wenn du ganz nah bist, sodass du eine Vollbremsung machen und dann mit zwanzig, dreißig Stundenkilometer hinter diesem Wahnsinnsakrobaten hertuckern musst. Dieses Verhalten, oder sagen wir besser: »Phänomen«, ist extrem häufig, und man muss es kennen, um nicht überrascht zu sein und die Vollbremsung vielleicht nicht mehr zu schaffen.

Der Fiatfahrer, der ohnehin schon in dieser äußerst mageren, abgespeckten und armseligen Autovariante sitzt, hat aber immer noch einige Wunderwerke der Technik zur Verfügung, die er dennoch nicht braucht: einen Blinker zum Beispiel. Ich kann mich nicht erinnern, einen Italiener gesehen zu haben, der einen Blinker benutzt. Warum auch? Der Fahrer weiß ja, dass er bald zu Hause ist, dass er gleich abbiegen muss, er kennt seine Adresse. Warum sollte er blinken? Alle anderen werden schon merken, was er vorhat.

Aber nicht nur bei Einfahrten, auch an Ampeln, normalen Straßenkreuzungen, vor Parklücken und all den hübschen Gelegenheiten, bei denen man einen Blinker benutzen könnte und müsste, blinkt der Italiener im Grunde nie.

Und wenn er mal aus Versehen an den Blinker gestoßen ist, dann blinkt er von nun an ohne Ende. Er weiß gar nicht, wie man ihn ausmacht, weil der Blinker noch nicht in seinem Bewusstsein angekommen ist.

Problematisch ist die Blinkverweigerung natürlich im Kreisverkehr. In Deutschland wäre das nicht so tragisch, denn da kommen Kreisverkehre nicht so häufig vor – in Italien vermehren sie sich wie die Karnickel. Der Italiener liebt Kreisverkehre! Nicht selten sind fünf Stück direkt hintereinander. Kreisverkehr – hundert Meter fahren – Kreisverkehr – hundert Meter fahren … usw. Herrlich! Ein Fest für den italienischen Autofahrer. Sie bauen überall, wo es nur irgendwie möglich ist, Kreisverkehre, auch wenn sie vollkommen sinnlos sind. Auf der Durchgangsstraße Arezzo – Siena, die von Lastwagen und Pkws hoch frequentiert ist, wurde auf völlig gerader Strecke, die eine seltene Möglichkeit bot, mal einen Lastwagen, Trecker oder eine Schar Fahrradfahrer zu überholen, ein Kreisverkehr gebaut, weil an dieser Stelle ein Feldweg abgeht. Nun ist das Überholen vor oder nach dem Kreisverkehr nicht mehr möglich. Ich habe aber in all den Jahren noch *nie* aus diesem Feldweg ein Auto kommen sehen.

Aber es gibt natürlich auch stark frequentierte Kreisverkehre mit einem extrem hohen Verkehrsaufkommen, in die fünf, sechs oder gar sieben Hauptverkehrsstraßen münden. Dort ist es verdammt schwierig, sich von außen kommend in den Kreis einzufädeln, denn man kann ja nicht hellsehen, und da niemand blinkt, weiß man nie, ob der heranschießende Wagen abbiegt oder weiter durch den Kreisverkehr donnert. Da hilft nur: Augen zu und durch, man braucht eiserne Nerven, eine gehörige Portion Todesmut und das berühmte Quäntchen Glück.

Noch so eine überflüssige technische Errungenschaft ist der Rückspiegel. Daran baumeln Kinderschuhe, Madonnen, Wildschweinzähne oder Glücksbringer für ewige Potenz in Form von knallroten Zapfen in güldener Einfassung. Befestigt wird dieses Unikum am Rückspiegel mit einer glänzenden Weihnachtsschleife.

Ich fürchte, noch niemand hat sich jemals wirklich ernsthaft Gedanken gemacht, wozu dieser merkwürdige Spiegel, der einem immerhin einen kleinen Teil der Sicht nach vorn nimmt, eigentlich gut ist. Denn benutzt wird auch er grundsätzlich nicht. Es ist faszinierend zu beobachten, dass der italienische Autofahrer nichts, aber auch gar nichts von dem mitbekommt, was hinter ihm geschieht. Es interessiert ihn auch nicht, weil er gerne völlig überraschend ausschert, wenn er an einem wild gewordenen Radrennfahrer oder einem sonstigen Hindernis vorbeifahren will. Er tut alles, was er will, die anderen hinter ihm werden schon aufpassen. Und wenn nicht? Pech. Wer auffährt, hat generell Schuld.

Gern bleibt er auch bei Grün mitten auf einer Kreuzung stehen, um sich mit einem Freund zu unterhalten, den er in einem entgegenkommenden Auto entdeckt hat, oder nach dem Weg zu fragen. Dieses tut er völlig ungeniert in engen Straßen, wo er den gesamten Verkehr blockiert, was ihn aber nicht weiter stört, da er die wartenden Autos im Rückspiegel nicht bemerkt und merkwürdigerweise niemand ungeduldig hupt. Die Franzosen hupen – die Italiener nicht. Die Hupe ist auch ein Teil des Autos, das man in Italien eigentlich nicht braucht.

Ich habe es im Wald, kilometerweit von jedem Dorf entfernt, erlebt, dass ich mit meinem großen schweren Jeep eine halbe Stunde hinter einem kleinen Fiat herfuhr, der mich einfach nicht bemerkte. In einer Gegend, wo ein Auto absolut selten ist. Außerdem war ich derart genervt, dass ich ihm bis auf zehn Zentimeter an der Stoßstange klebte – keine Chance. Ein Italiener blickt niemals zurück!

Aber es gibt natürlich nicht nur die Fünfundachtzig- bis Hundertjährigen auf Italiens Straßen, sondern auch die Zwanzig- bis Vierzigährigen. Heidewitzka! Da heißt es in Deckung gehen, denn die jungen Fahrer fahren nicht, sie rasen wie die Irren und sind unterwegs wie die Lebensmüden. Man möchte sie anhalten, in den Arm nehmen und schnellstens bei der *misericordia* (Sozialstation) abgeben. Diese Spinner sind nur selten in einem antiquierten Fiat anzutreffen, dafür eher in einem Honda, BMW oder Lancia. Gerne in Weiß oder Beige, hin und wieder auch in Silbermetallic. Dort, wo man maximal achtzig fahren könnte, fahren sie hundertzwanzig, sie schneiden jede Kurve und kommen einem generell auf der eigenen Spur entgegen.

Sie überholen ständig und überall, ohne Rücksicht auf Verluste, am liebsten am Berg, direkt vor einer uneinsichtigen Kuppe. Sie wagen es, an vier Lastern auf einen Streich vorbeizubrettern, lediglich mit der Hoffnung, dass alles gut geht. Mir brach regelmäßig der Schweiß aus, wenn ich diesem Treiben hilflos zusehen musste, aber irgendwie ging es immer gut, der Italiener hat offensichtlich ganze Heerscharen von Schutzengeln.

Aber auch der Opa überholt. Und das natürlich im Schneckentempo. Er schiebt sich neben den Laster, dann fällt ihm ein, dass er sich in einer gefährlichen Situation befindet, und was macht er als vorausschauender Autofahrer, wenn es brenzlig wird? Er wird langsamer! Natürlich! Da hilft dann nur noch beten.

Als brave deutsche Autofahrerin wird man also im Wechselbad der Gefühle hin- und hergeschaukelt, zwischen lebensmüdem Raser und senilem Schleicher. Ausgeglichene Verkehrsteilnehmer scheint es bei unseren italienischen Nachbarn nicht zu geben. Nicht einmal bei den Frauen.

Die junge italienische Frau am Steuer ist kein bisschen zahmer als ihr männliches Pendant. Auch sie hält es wie er keine fünf Minuten beim Autofahren aus, ohne zu telefonieren. Es ist für sie überhaupt kein Problem, einen Laster zu überholen, der seinerseits bereits fünfzig Stundenkilometer zu schnell fährt, sich bei ihrem Telefonat köstlich zu amüsieren, sodass man beobachten kann, wie sie den Kopf vor Lachen in den Nacken wirft, um dann im allerletzten Moment vor dem entgegenkommenden Wagen mit einem rasanten Schwung unmittelbar vor dem Laster wieder rechts einzuscheren.

Ich kann mich nicht erinnern, in all den Jahren in Italien jemals einen Lastwagenfahrer am Steuer gesehen zu haben, der nicht telefonierte. Die Brummifahrer sind da ganz cool. Sie legen das Handy auch dann nicht aus der Hand, wenn sie ihren Zig-Tonner samt Anhänger rückwärts in eine enge Gasse manövrieren, die ihnen an jeder Seite noch jeweils zwanzig Zentimeter Spielraum lässt. Dabei unterhalten sie sich auch noch mit ihrem Kollegen, der durch die Gasse blickt und ab und zu »avanti« brüllt, übers Mittagessen, puhlen in den Zähnen und stören sich überhaupt nicht daran, dass sie die Durchgangsstraße nach Rom wegen des Manövers seit zwanzig Minuten blockieren.

Dabei fällt mir ein, dass in Italien fast jedes Straßenschild irgendwie schief steht. Egal, ob es ein Vorfahrtsschild, ein Hinweis zu einem Restaurant oder ein Katzenauge ist, nach drei Tagen ist es krumm, weil irgendjemand es umgefahren hat. Und wenn man noch einen Monat wartet, ist es völlig verbeult oder abgeknickt und muss durch ein neues ersetzt werden.

An einer kleinen Verbindungsstraße zwischen zwei Orten in unserer Nähe wurden Katzenaugen aufgestellt, ich schätze fünfzig Stück auf jeder Seite. Jetzt stehen dort vielleicht noch zehn insgesamt.

Im Frühjahr kommen Monster-Sensen-Maschinen und schneiden Gräser und Unkraut an den Straßenrändern. Und da sich die Fahrer langweilen, lieber telefonieren als hinzugucken, sensen sie auch reihenweise die Katzenaugen mit ab.

Vielleicht denken sie, die Dinger wachsen nach.

Brummifahrer sind durchaus Multitasking-tauglich, genauso wie die italienischen Mädels, die auch telefonieren, während sie in der Florentiner *ora di punta,* der Rushhour, unter enormem Zeitdruck einparken und dabei noch ein *panino* mit Tomate und Mozzarella essen. Unglaublich. Von wegen, die italienische Frau kann nicht einparken! Weit gefehlt! Sie steht den Männern in nichts nach.

Aber ich rede von den *jungen* Frauen. Die älteren und alten Frauen findet man am Steuer fast gar nicht. In den ländlichen Gegenden bleiben sie brav zu Hause, was sie an Kleinigkeiten einzukaufen haben, erledigen sie zu Fuß beim *alimentari*, dem Lebensmittelgeschäft, und einmal in der Woche auf dem Markt.

Steht ein umfassenderer Einkauf oder eine größere Anschaffung an, fahren sie zusammen mit dem Ehemann in die nächstgrößere Stadt. Und bei diesen Ausflügen fährt immer der Gatte, mag er noch so tüddelig, vertrottelt oder körperlich behindert sein. Egal – wir haben ja Zeit, Papi fährt eben langsam!

Ein weiteres Unikum auf italienischen Straßen: *Der Fahrradfahrer an sich.*

Es geht nicht um den Radfahrer, den wir von deutschen Landstraßen kennen (oder auch von italienischen, wenn er sich die toskanischen Berge antun und austesten will, wie viel er seiner Pumpe zumuten kann), der in beigefarbenen Shorts, kariertem Hemd, grauen Socken, Turnschuhen und einer kecken Schirmmütze unterwegs ist, auf der »Nichts ist unmöglich« steht. Neben ihm seine Frau in fast identischer Kleidung, aber sie hat noch einen Picknickkorb und zwei Anoraks auf dem Gepäckträger. Für alle Fälle.

Diese beiden deutschen Radfahrer, die nur im Urlaub an ihre Gesundheit denken und sich dabei völlig überfordern, zotteln von Dorf zu Dorf, von Bar zu Bar, von Trattoria zu

Trattoria und sind sich gar nicht bewusst, wie gefährlich sie leben, wenn der italienische Fernlastfahrer mit dem Handy am Ohr in Haaresbreite an ihnen vorbeidonnert.

Nein, es geht um den italienischen Fahrradfahrer, und der ist nicht zum Vergnügen am Wochenende mit der »Mutti« unterwegs, ihm geht es um eine ernste Sache. Mit Fahrradfahren ist nicht zu spaßen. Das ist ein wichtiger Sport, wenn nicht der wichtigste überhaupt. Nämlich der Volks-Männer-Sport Nummer eins, auch wenn er die Prostata ruiniert!

Niemals steigt der Italiener einfach so aufs Fahrrad. Niemals. Das geht nur in voller Montur, also mit professionellem Rennrad, für das er sein gesamtes Erspartes hinblättert, mit aerodynamischem hochmodernem Helm, und mit den wahnsinnigsten Rennradklamotten, die man sich vorstellen kann. Professionell hoch sieben. In allen Farben, mit Werbung überall, an den richtigen Stellen gepolstert und unverschämt durchsichtig. Ich weiß nicht, ob man so etwas in Deutschland überhaupt kaufen kann.

Alle sind so ausstaffiert. *Alle.*

Die italienischen Fahrradfahrer, die regelmäßig am Wochenende aufs Rad steigen, sind nicht allein, niemals mit ihrer Frau, sondern nur in Gruppen unterwegs. Ergießen sich über die Landstraßen wie dahinrollende Insektennester, und dann hat man seine liebe Not, die Horde zu überholen. Nur am Berg hat man eine Chance, bergab schießen sie davon, dass einem Hören und Sehen vergeht.

Und natürlich fahren sie nicht rechts oder hintereinander, sondern im Pulk nebeneinander, sich angeregt unterhaltend. Was hinter oder neben ihnen passiert, interessiert sie nicht – sie sind in ihrem Element! Besonders hübsch ist es, wenn sich eine Gruppe von vielleicht hundert Freizeitradlern auf einen Kilometer oder länger erstreckt und man immer wieder kleine Grüppchen überholen muss.

Und wehe dem, der kurz beim Bäcker rausspringt, um ein Brot zu kaufen, und dann den ganzen auseinandergerissenen Verein erneut überholen muss.

Am Wochenende braucht man auf Italiens Straßen einfach mehr Zeit. Der Fahrradfahrer an sich ist überall, lauert hinter jeder Kurve und nervt auf jeder Strecke.

Und dann gibt es noch eine Spezies auf italienischen Straßen, die man so nur in Asien kennt: den Tuck-Tuck-Fahrer in der dem Tuck-Tuck fast identischen drei-räderigen *Pioggia Ape*. Das ist das Transportmittel des italienischen Landarbeiters schlechthin. Damit transportiert er Holz, Weintrauben oder Ölkanister, Alteisen, Lumpen, Müll oder die gesamte Familie. So eine Ape hat einen Motor mit hundertfünfundzwanzig Kubikmetern Hubraum, fährt bis zu vierzig Stundenkilometer schnell, kann zweihundert Kilogramm transportieren und stinkt wie die Pest. Ich vermute mal, dass Abgasuntersuchungen für Apes nicht existieren, und ihre Fahrgastkabinen sind so extrem eng, dass sich wirklich nur ein geschrumpfter, uralter Italiener dort hineinquetschen kann, oder sein Enkel, der das Teil bereits mit vierzehn Jahren fahren darf.

Apes sind in ländlichen Gegenden und in Dörfern nicht wegzudenken, sie tuckern und stinken vor sich hin und halten den Verkehr auf. Nicht nur, weil sie von Natur aus so langsam sind, sondern weil der Fahrer hinter dem Steuer nicht fünfundneunzig, sondern mindestens hundertfünf Jahre alt ist und weil sie so gefährlich sind wie ein orientierungslos dahinschwimmender Container im Mittelmeer.

Entspannen kann man sich allerdings – man glaubt es kaum – auf italienischen Autobahnen. Dort geht es im Gegensatz zu Deutschland regelrecht gesittet zu. Obwohl viele Autobahnkilometer beängstigend eng sind, fließt der Verkehr ruhig und unaufgeregt, das Tempolimit von hundertdreißig Stundenkilometern wird fast überall und von fast allen Italienern akzeptiert, es gibt kaum notorische Linksfahrer, und vielleicht liegt es daran, dass man sich leicht von der rechten Spur wieder links einordnen kann. In Deutschland ist es ja an der Tagesordnung, dass man hinter einem Laster auf der rechten Spur ausgebremst wird und dann dort langsam verreckt …

Und was für eine Freude, wenn sich zwei italienische Wagen auf einer deutschen Autobahn treffen! Dann wird gehupt, geblinkt und gewunken, und man kriegt sich gar nicht mehr ein vor lauter Glück, wahrhaftig einem Landsmann im Ausland begegnet zu sein! Wir sind nicht allein!

Wir fuhren ja nun in Deutschland ebenfalls in einem Auto mit italienischem Nummernschild umher, und ich habe gemerkt, dass auch ich mich riesig darüber freute, auf der drei- oder noch mehrspurigeren Rennstrecke zwischen München und Nürnberg einem wild winkenden und blinkenden Italiener zu begegnen, der jedes Mal zusammenzuckte, wenn deutsche Wagen mit zweihundert Sachen an ihm vorbeidonnerten und der dadurch verursachte Fahrtwind den kleinen Fiat hüpfen ließ.

Doch zurück zu unserer Fahrt mit dem Wein aus Montepulciano. Vollbeladen bogen wir auf unsere Rumpelstraße ein. Das erste Stück war sehr schmal und führte circa zweihundert Meter an einer tiefen Schlucht entlang. Ich war schon fast an der Schlucht vorbei, als uns ein Wagen entgegenkam. Ein Geländewagen mit italienischem Kennzeichen, der sofort, als er mich sah, stehen blieb. Er streckte seinen Arm aus dem Seitenfenster und winkte mir zu, ich solle kommen und an ihm vorbeifahren.

»Spinnt der?«, fragte ich Klaus. Da sind doch höchstens anderthalb Meter Platz! Da komm ich doch mit meinem dicken Auto nicht vorbei! Was denkt der sich denn?«

»Der denkt sich gar nichts. Er kann nur nicht rückwärtsfahren. Das ist alles. Kein Italiener kann rückwärtsfahren. Und darum tut er es auch nicht und steht jetzt da wie festgenagelt.«

»Ja, sollen wir unsere Autos jetzt hier an Ort und Stelle verschrotten, oder wie?«

»Bleib stur. Du müsstest zweihundert Meter zurücksetzen, der Typ nur zwanzig. Wenn überhaupt.«

Der Mann schälte sich aus dem Auto, lehnte sich gegen die Fahrertür und zündete sich eine Zigarette an, nach dem Motto: Ich hab Zeit. Ich kann warten, bis du endlich zurücksetzt und dich an der Schlucht entlanghangelst.

Ich fand das unverschämt.

»Nun ja«, sagte ich schließlich und seufzte, »da die Italiener im Straßenverkehr grundsätzlich alles ignorieren, was sich hinter ihnen abspielt, kann man ja nun wirklich nicht verlangen, dass sie rückwärtsfahren. Das ist ja für sie wie Tiefseetauchen ohne Licht. Und da ich hier nicht verschimmeln will, fahr ich jetzt eben zurück.«

Langsam und vorsichtig steuerte ich den Wagen die lange Strecke rückwärts an der Schlucht entlang. Es war kein gutes Gefühl, wenn man wusste, dass es neben einem ungefähr dreihundert Meter in die Tiefe ging. Da, wo der Italiener stand, war die Schlucht zu Ende. Dort stand ein kleines Haus. Er hätte also gar nicht abstürzen können.

Aber ich wusste, dass es nichts brachte, eine Diskussion anzuzetteln.

Als ich die Strecke geschafft hatte, wartete ich, und nur wenige Augenblicke später brauste der Italiener fröhlich grüßend an mir vorbei.

Polizia municipale

Die italienische Polizei ist völlig anders organisiert als die deutsche. Sie ist nicht – wie bei uns – insgesamt dem Innenministerium unterstellt, sondern in einzelne verschiedene Organisationen unterteilt, die unterschiedlichen Ministerien unterstellt sind, um die Machtkonzentration auf ein einziges Ministerium zu vermeiden.

Eigentlich keine schlechte Idee, aber in der Praxis ein ziemliches Durcheinander.

Zu den drei größten und wichtigsten Polizeiorganisationen gehört die *polizia di stato,* die für die Sicherheit in größeren Städten sorgt. Sie ist dem Innenministerium unterstellt. Eine Untergruppe der *polizia di stato* ist die *polizia stradale,* die für Verkehr im Allgemeinen und die Sicherheit auf den Autobahnen im Besonderen zuständig ist. Übrigens fährt die *polizia stradale* Lamborghini als Dienstwagen, um auch den wüstesten Fahrern hinterherjagen zu können.

Die *carabinieri* wiederum verfolgen kriminelle Delikte und Kapitalverbrechen und kümmern sich um die Sicherheit auf dem Land. Gleichzeitig sind sie aber auch Militärpolizei und dem Verteidigungsministerium unterstellt. Sie handeln jedoch auf Weisung des Innenministeriums.

Die *guardia di finanza* ist die Finanz- und Zollpolizei und untersteht dem Ministerium für Wirtschaft und Finanzen.

Diese drei großen Polizeiapparate arbeiten alle in der *direzione investigativa antimafia* zusammen, um die Mafia zu bekämpfen.

Dann gibt es noch die kleineren Untergruppen: *polizia penitenziaria* (Gefängnispolizei / Justizministerium), *corpo forestale dello stato* (Landwirtschaftsministerium) und *guardia costiera* (Küstenwache / Verkehrsministerium)

Die *polizia municipale* oder die *vigili urbani* und die *polizia provinciale* sind Gemeindepolizeien und den jeweiligen Bürgermeistern oder den Regionalregierungen unterstellt. Sie kümmern sich um Kleinkram und alltägliche Probleme der Bevölkerung, regeln den Straßenverkehr, ermitteln Verkehrssünder, kontrollieren die Marktstände und kümmern sich um die Einhaltung von Jagd- und Binnenfischereivorschriften.

Das Knöllchenschreiben bei zu schnellem Fahren und falschem Parken übernimmt die *polizia municipale* und nicht die *polizia stradale,* da die Strafgelder der jeweiligen Gemeinde direkt zugutekommen.

Es ist ratsam zu wissen, wann man welche Gruppe anruft, denn eine Polizeiorganisation rührt keinen Finger, wenn ein Gesetzesverstoß eine andere Organisation betrifft und nicht im eigenen Kompetenzbereich liegt.

Ich hatte es einmal mit der fröhlichen Truppe der *polizia municipale* in dem sicher malerischen kleinen Örtchen (ich habe es nie zu Gesicht bekommen) Montieri zu tun.

Mit Klaus' Lieblingsonkel Albrecht, der uns eine Woche besuchte, machten wir eine wunderschöne Rundreise durch die Toskana. In der Nähe von Grosseto sah ich das Radargerät erst, als ich schon daran vorbeigebraust war, und es blitzte grell wie bei einem Gewitter.

»Das war's«, sagte Klaus. »Jetzt bist du dran.«

Ich ärgerte mich furchtbar, der schöne Tag war mir verdorben, und ich tröstete mich lediglich mit der Hoffnung, dass das Strafmandat eventuell verloren ging. Die Italiener verschlampten so viel, wir hatten eine Brief-Ausfall-Quote von zwanzig Prozent, und die Chance, ungeschoren davonzukommen, war zumindest nicht unwahrscheinlich.

Aber bereits vier Wochen später bekam ich ein Einschreiben, das befürchtete Strafmandat. Drei DIN-A4-Seiten, ohne Rand und mit so kleiner Schrift eng beschrieben, dass man sie auch mit dicker Lesebrille kaum entziffern konnte. Es erinnerte an das Kleingedruckte eines Vertrages, das kein Mensch freiwillig liest.

Ich entnahm der Textflut lediglich, dass ich sechsundzwanzig Stundenkilometer zu schnell gefahren war, dafür einhundertachtundsechzig Euro neunzig Strafe zahlen sollte und drei Punkte abgezogen bekam. Das hört sich für deutsche Ohren fantastisch an, aber in Italien ist es genau umgekehrt. Man startet mit seinem Führerschein mit zwanzig Punkten, und wenn man was verbrochen hat, werden Punkte vom Haben-Konto abgezogen. Wenn man keine Punkte mehr hat, ist Feierabend, dann ist man die Pappe los.

Va bene, dachte ich, dies war meine erste Verkehrsstrafe in Italien, ich hatte noch nicht einmal irgendwo falsch geparkt, was auf einem einsamen Berg auch nicht so einfach ist.

Ich bezahlte also schleunigst meine *multa* und vergaß die ganze Angelegenheit.

Vier Monate später bekam ich erneut von der *polizia municipale* einen eingeschriebenen Brief. Ich konnte – nachdem ich nun schon viele Jahre in Italien lebte – ziemlich gut

Italienisch, kam eigentlich in jeder Lebenssituation klar. Ich konnte ohne Probleme Beschwerdebriefe schreiben, Handwerker zusammenstauchen und mich mit Freunden und Bekannten über Gott und die Welt unterhalten. Aber bei diesem Brief in diesem schrecklich gequirlten Juristen- und Behördenitalienisch war ich vollkommen aufgeschmissen und verstand nur Bahnhof.

Aber ein Datum war aufgeführt, der 8. März 2012, eine Uhrzeit, 10 Uhr 27, und ein Ort: Piazza Gramsci in Montieri, Provinz Grosseto. Auch der aufgeführte Typ meines Wagens und mein Autokennzeichen waren korrekt.

Ich sollte eine *multa* in Höhe von zweihundertfünfundsiebzig Euro bezahlen, so viel konnte ich verstehen, aber ich hatte keine Ahnung, warum.

Mit Brille und Lupe las ich den Brief zwanzig Mal und wurde einfach nicht schlau aus dem kleingedruckten Kauderwelsch. Klaus bemühte das Wörterbuch, aber das half uns auch nicht weiter.

Nur eines war ganz klar: Am 8. März 2012 war ich nicht in Montieri gewesen, denn das war der Internationale Frauentag. Ich konnte mich gut an diesen Tag erinnern, weil mir unser Arbeiter ein Blümchen schenkte und meine Freundin Rosi an diesem Tag Geburtstag hat.

Außerdem war an diesem Tag Livia bei uns. Wir unterhielten uns über das Blümchen und darüber, was an diesem Tag in Italien Besonderes geschieht. Am 8. März gehen die Frauen ohne ihre Männer in die Bar oder in die Osteria. Sie randalieren nicht, betrinken sich nicht, schleppen auch keine Kerle ab – nein, sie sind ganz brav, aber eben an diesem Abend allein unterwegs.

Sorelle! Schwestern! An diesem Punkt waren wir in

Deutschland schon in den 60er- und 70er-Jahren. Frau allein in der Kneipe! Und zwar jeden Tag. Nicht nur am 8. März.

Aber egal. Auf Grund dieses Gesprächs wusste ich definitiv, dass Livia bei uns gewesen war.

Zum Glück war gerade mal wieder der Elektriker bei uns, der eigentlich in unserem Gästezimmer schlafen könnte, denn es gab fast jeden Tag irgendetwas zu reparieren – und ich gab ihm den Brief zu lesen, mit der Bitte, mir einfach zu sagen, was drinsteht.

Er las und las. Immer wieder. Dann sagte er: »Tja, da hast du in Montieri am 8. März irgendeinen Mist gebaut. Ich glaube, du bist zu schnell gefahren, oder so. Jedenfalls musst du jetzt eine *multa* zahlen.«

Er gab mir den Brief zurück.

Ich starrte ihn an. »Aber ich war noch nie in meinem Leben in Montieri! Und an dem Tag hab ich den Berg überhaupt nicht verlassen!«

Er zuckte die Achseln. »Steht hier aber.«

Als Nächste ließ ich Chiaras Tochter Monica lesen, die vor zehn Jahren den besten Uniabschluss der Toskana in Pharmazie gemacht hatte. Sie rannte im Sommer zu jeder Opernaufführung, in jedes Theaterstück und hatte auch schon meine Bücher auf Italienisch gelesen, die musste den Brief ja nun wohl verstehen.

»Dumme Sache«, sagte sie und sah mich grinsend an, »du bist in Montieri an dem Tag von der Polizei angehalten worden und hattest keine Papiere dabei. Weder Ausweis noch Führerschein. Und darum musst du jetzt eine *multa* bezahlen.«

Schließlich fragte ich unseren Weinhändler in Montepulciano.

»Oh, oh.« Das war erst einmal alles, was er sagte, dann machte er eine lange Pause.

»Du hast in Montieri einen Crash gebaut – *un incidente* –, dann kam die Polizei um 10 Uhr 27, wollte deine Personalien aufnehmen, aber du hattest weder Führerschein noch Ausweis dabei. Und wer ohne Papiere unterwegs ist, wird in Italien bestraft.«

»Aber ich war niemals, hörst du *niemals,* in diesem Montieri! Ich weiß noch nicht mal, ob es ein verkästes Bergnest oder eine expandierende Handelsmetropole ist!«

»Vielleicht ist ja jemand mit deinem Kennzeichen unterwegs«, meinte er nachdenklich, »mit der Situation ist nicht zu spaßen. Da musst du was unternehmen!«

Aber was, wusste er auch nicht.

Mir wurde so schlecht wie noch nie, seit wir in Italien lebten. Da war irgendein Irrer mit meinem Autotyp und meinem Nummernschild unterwegs. Das konnte er sich ja ausgespäht haben. Er besaß die gleiche Automarke wie ich, sah meinen Wagen in Siena, schrieb mein Kennzeichen auf und machte sich ans Werk.

Meine kriminelle Fantasie spielte verrückt. Der Unbekannte brauchte nur ein Kind zu überfahren und Fahrerflucht zu begehen. Das Nummernschild des flüchtenden Wagens wurde notiert, und schon standen die *carabinieri* bei *mir* vor der Tür und nahmen mich mit. Ab ins *prigione,* ins Kittchen. Wer da einmal drin sitzt, kommt so schnell nicht wieder raus und wird da vergessen. Und so richtig luxuriös ist es dort auch nicht, hab ich mir sagen lassen.

Klaus hatte Hunger und wollte anfangen zu kochen, aber ich hätte keinen Bissen hinunterbekommen. Nie wieder würde ich eine Sekunde schlafen, bevor dieser Irre mit meinem Nummernschild nicht gefasst war!

Ich raste runter ins Dorf, zu Livia. Auf dem Weg dorthin fuhr ich so schnell, dass ich beinahe den Pfarrer auf seinem Trecker und einen Touristen im offenen Sportwagen auf die Hörner genommen hätte.

Völlig durch den Wind kam ich bei Livia an. Ich wusste, dass ihr Exmann ein *carabiniere* war. Den konnten wir ja mal fragen, was in so einem Fall zu tun war.

Am Telefon hörte sich nun Pietro den ganzen Irrsinn an und überschüttete Livia dann mit einem italienischen Redeschwall. Ich kraulte den Hund und war froh, dass ich nicht am Telefon war und darauf reagieren musste.

»Du musst zu den *carabinieri* gehen und Anzeige erstatten«, sagte sie. »Pietro meinte, das sei enorm wichtig, weil es ein Vorgang wird, und für dich ist es dann wesentlich leichter, glaubhaft zu machen, dass du nicht gefahren bist, wenn irgendwas passiert. Außerdem müssen die prüfen, wie es sein kann, dass es zwei identische Nummernschilder gibt.«

Livia hatte ihren täglichen Nudelberg zum *pranzo* schon hinuntergeschlungen, und so fuhren wir sofort los. Gemeinsam, denn Livia kannte bei den *carabinieri* immer noch jede Nase, was sehr von Vorteil war, mit einigen war sie sogar befreundet, und sie wusste auch, dass deren Mittagspause schon beendet war.

Aber in der *carabinieri*-Station wurden wir alles andere als freundlich empfangen. Livia hin oder her – die Herren waren beleidigt, dass wir sie mit so einem niederen »*municipale*-Scheiß«, der gar nicht in ihren Tätigkeitsbereich fiel, belästigten.

Ich fragte mich im Stillen, warum uns Pietro dann den Rat gegeben hatte, Anzeige zu erstatten.

Man ließ uns zwar wie die Landstreicher im Flur stehen und bat uns nicht ins Besprechungszimmer (was Livia auf die Palme brachte), aber der *carabiniere* tat uns wenigstens den Gefallen und las den Brief der *polizia municipale* aus Montieri.

»Ich nehme keine Anzeige entgegen«, sagte der *carabiniere* nach der Lektüre überheblich, »weil hier nirgends etwas darüber steht, dass die Signora« – damit meinte er mich, aber er sprach mich nicht direkt an – »am 8. März in Montieri gewesen ist.«

Mir fiel die Kinnlade herunter, und auch Livia verharrte stumm.

»Könnten Sie mir dann bitte erklären, warum ich Strafe zahlen soll?«, fragte ich extrem freundlich, obwohl mir der arrogante Schnösel herzlich unsympathisch war. Aber immerhin waren wir der Lösung des Rätsels ganz nah.

Er hatte Mitleid mit einer armen verwirrten Deutschen und gab mir das Gefühl, mir ein wenig seiner kostbaren Zeit zu schenken, obwohl außer mir und Livia niemand in der Polizeistation war.

»Sie haben im vergangenen Oktober ein Strafmandat für zu schnelles Fahren bekommen. Ist das richtig?«

Ich nickte. »Ich hab's auch sofort bezahlt.«

»Darum geht es nicht. Sie sind in Italien verpflichtet, danach innerhalb von vier Wochen der *polizia municipale* schriftlich zu erklären, wer den Wagen gefahren hat, damit klar ist, wem die Punkte vom Führerschein abgezogen werden. In diesem Fall sind das ja wohl Sie.«

Ich nickte erneut. Das Ganze hörte sich ja direkt logisch an.

»Wenn Sie die Schuld auf sich nehmen«, fuhr er fort, »müssen Sie eine Kopie Ihres Ausweises (*carta d'identità*), Ihres Führerscheins (*patente*) und des Fahrzeugscheins (*libretto*) beilegen. Das haben Sie alles nicht getan, und darum müssen Sie jetzt die *multa* von zweihundertfünfundsiebzig Euro zahlen.«

Boocchh, da kam ja ganz schön was zusammen. Für sechsundzwanzig Stundenkilometer zu schnell waren das jetzt insgesamt vierhundertdreiundvierzig Euro neunzig und drei Punkte Abzug.

Und dann stellte ich die dusslige deutsche sinnlose Frage. Sie kam automatisch, ich konnte sie einfach nicht mehr runterschlucken.

»Warum hab ich denn niemals eine Mahnung bekommen, sondern gleich eine *multa?*«

»Das weiß ich nicht. Da müssen Sie in Montieri nachfragen«, zog er sich elegant aus der Affäre.

Ich wollte schon gehen, als mir noch etwas einfiel. »Ach, eine kurze Frage hätte ich noch.«

Der *carabiniere* nickte wenig begeistert.

»Warum steht in dem Brief: am 8. März um 10 Uhr 27? Was war denn da, wenn es darum ging, dass ich vor Monaten mal was vergessen habe?«

»Am 8. März um 10 Uhr 27 ist dem Kollegen in Montieri aufgefallen, dass Ihr Schuldeingeständnis und Ihre Papiere noch nicht vorliegen.«

Ich war fassungslos.

»Und was war auf der Piazza Gramsci in Montieri?«

»Da sitzt der die Sache bearbeitende Kollege.«

Na, da sollte doch erst einmal einer drauf kommen!

Ich bedankte mich artig, und wir verließen die Polizeistation.

»Hast du das gewusst?«, fragte ich Livia.

Sie zuckte nur die Achseln, was so viel hieß wie: vielleicht ja, vielleicht nein.

Ein Italiener legt sich niemals fest und bezieht niemals Stellung. Er laviert sich so durchs Leben und hofft, nirgends anzuecken und keinen Stress zu bekommen.

Ich bedankte mich bei Livia mit einer Flasche Wein und machte mich auf den Weg nach Hause.

Am nächsten Tag fuhr ich zur Post und bezahlte.

Zu Hause schrieb ich einen Brief an die Brüder in Montieri mit Datum und Zeitangabe: 11 Uhr 23. Damit sie wussten, wann ich den ganzen Quatsch fotokopiert hatte und in Gedanken bei ihnen gewesen war.

Dann bat ich noch um eine Bestätigung, dass die Angelegenheit jetzt erledigt sei, damit nicht in einem halben Jahr eine *multa* von fünfhundert Euro angeflattert kam, und legte deren unverständlichen Brief, ein Schuldeingeständnis, eine Führerscheinkopie, eine Ausweiskopie, den Fahrzeugschein des Wagens und den Postbeleg, dass ich den Wucher bezahlt hatte, bei. Ich hatte große Lust, auch noch mein Freischwimmerzeugnis aus dem Jahre 1964 dazuzustecken, aber was ich damit sagen wollte, hätten sie wahrscheinlich nicht begriffen.

Die Antwort hatte ich bereits fünf Tage später. So schnell war ja in Italien noch nie etwas gegangen: Alles erledigt, *a posto, tutto bene.*

Wer sagt's denn.

Wahre Freundschaft

Ich lernte Chiara schon kennen, als wir noch in der Wassermühle wohnten. Ihr Vater Antonio kümmerte sich um unser Haus, wenn wir nicht da waren, denn wir kamen ja nur in den Ferien oder wenn ich Ruhe zum Schreiben haben wollte. Antonio lüftete, kontrollierte, ob alles in Ordnung war, und mähte die Wiese ums Haus, wenn alles zuzuwuchern drohte.

Manchmal half Chiara ihm, und so trafen wir uns ab und zu. Was uns auf Anhieb verband, war die Liebe zu Schildkröten, *tartarughe*. Sie hatte sechsundzwanzig, und ich hatte zwei, für die Chiara sorgte, wenn ich in Deutschland war.

Bis meine Schildkröten Jahre später die Wölfe holten. (Es gibt mittlerweile eine stabile Population von Wölfen in der Toskana.)

Antonio war ein herzensguter Mensch, hager und stets fröhlich, fast komplett zahnlos und mit nur zwei Fingern an der linken Hand, denn die anderen waren der Säge zum Opfer gefallen, als er noch als Tischler gearbeitet hatte. Immer, wenn wir kamen, versuchte er, uns eine kleine Freude zu machen, wie zum Beispiel Weihnachten.

Wir liebten es, Weihnachten in die Toskana zu fahren, um dem ganzen Rummel zu entgehen, der sich in Italien extrem in Grenzen hält. Nur in den Vorgärten stehen Plastikbäume mit elektrisch blinkenden roten, blauen, grünen, gelben, orange- oder lilafarbenen Kunststoffkugeln. Da muss man einfach nur ganz schnell die Augen schließen, wenn man an so einer Scheußlichkeit vorbeifährt.

Wieder einmal freuten wir uns auf unser stilles, verschwiegenes Tal und eine ruhige, besinnliche Weihnacht ohne Glitter, Glanz und Gloria.

Aber als wir der Mühle langsam näher kamen, traf es uns wie ein Schlag mit dem Gummihammer: Direkt im heimeligen Hof, zwischen Mühle und Haupthaus, prangte ein hässlicher, für die Toskana völlig untypischer Tannenbaum mit schrillen, blinkenden Plastikkugeln in unerträglich leuchtenden Farben.

Uns blieb die Spucke weg.

»Nein!«, rief Klaus.

Zu mehr waren wir nicht fähig.

Noch bevor wir unsere Sachen auspackten, schmückten wir den Baum ab und schleppten ihn hinters Haus.

Der Himmel meinte es gut mit unserer Sehnsucht nach einer romantischen weißen Weihnacht, denn als wir am nächsten Morgen erwachten, war unser gesamtes Tal mit einer jungfräulichen und zwanzig Zentimeter dicken Schneedecke überzogen.

So etwas waren wir Stadtmenschen überhaupt nicht gewöhnt, wir fanden es herrlich und konnten uns nicht sattsehen. Hund und Katze tobten vor dem Haus in der weißen Pracht, und gleich nach dem Frühstück machten wir einen Spaziergang.

Aber wir hatten die Rechnung ohne Antonio gemacht. Wie alle Italiener war er entsetzt über den Schnee und fürchtete für uns im einsamen Tal sofort Tod und Teufel,

Pestilenz und sofortiges Verhungern. Daher engagierte er einen Nachbarn, der einen Schneepflug vor seinen Trecker spannte und in Nullkommanichts Weg und Grundstück von der weißen Pracht befreite.

Strahlend vor Stolz über sein Werk stand Antonio vor dem Haus, als wir zurückkamen und nicht fassen konnten, was geschehen war. Unser romantisches Tal war kahl und zerrupft, Kies, Erde und plattes Gras waren freigelegt – es war ein Jammer und sah aus wie in der Stadt, wenn der Schnee drei Tage alt und verdreckt ist.

Wir wussten, dass wir Antonio die Sache mit dem Weihnachtsbaum und dem Schnee niemals würden erklären können, also hielten wir trotz unserer Wut und Enttäuschung lieber den Mund. Doch Antonio spürte, dass etwas nicht stimmte. Ganz kleinlaut sagte er: »Ich krieg dann noch fünfzigtausend Lire von euch für das Schneeräumen.«

Klaus gab ihm stumm und frustriert das Geld, und Antonio trollte sich.

»Keiner hier versteht, dass Schnee im Wald und in der Einsamkeit etwas Tolles sein kann«, flüsterte ich und legte den Arm um Klaus, dem immer noch die Worte fehlten.

Später habe ich versucht, das Ganze Chiara zu erklären, aber ob sie es wirklich begriffen hat, weiß ich bis heute nicht.

Chiara war genauso alt wie ich, hatte eine Tochter, die auch genauso alt war wie unser Sohn, und flammend rotes Haar. Es war nicht nur rot, sondern wirklich grellrot. Und erst allmählich lernte ich, dass alle, wirklich *alle* Italienerinnen ihre Haare färben. Hemmungslos und ungeniert in den wüstesten Farben und in jedem Alter.

Mit neunzig ein graues Haar auf dem Kopf? Das geht ja gar nicht!

In den Frisiersalons wird gepinselt, geschmiert und gefärbt, was das Zeug hält. Eher gefärbt als getönt, denn warum tönen? Jede Italienerin weiß, dass sie bis an ihr Lebensende mit knallroten, tiefschwarzen oder grellblonden Haaren herumlaufen wird. Da gibt es nichts auszuwaschen, das will hier niemand, die Entscheidung ist endgültig.

Achten Sie einmal darauf, wenn Sie Urlaub in Italien machen: Mit grauen Haaren laufen Deutsche, Engländerinnen, Amerikanerinnen herum, aber keine Italienerinnen.

Ich mag Chiara, sie ist unglaublich herzlich, rund um die Uhr erreichbar und steht sofort auf der Matte, wenn man Hilfe oder einen Rat braucht. Als sie mich eines Tages anrief, stand ich gerade dumm auf der Landstraße herum, weil ich an meinem schweren Jeep einen platten Reifen hatte. Augenblicklich alarmierte sie ihren Freund, den Automechaniker (alle ihr bekannten Leute im Umkreis von fünfzig Kilometern sind ihre Freunde), und jagte ihn zu mir. Peinlich für mich war nur, dass ich schon längst den ACI, den italienischen ADAC, angerufen hatte.

So ist Chiara. Sie fackelt nicht lange, sie handelt sofort und findet immer eine Lösung. Und sie ist auch die Einzige, die ich in all den Jahren kennengelernt habe, die ihre Landsleute, wenn sie wirklich auf stur stellen und nichts mehr geht, als *ignoranti* bezeichnet.

Sie ist einfach erfrischend ehrlich und direkt.

Aber es ist nicht einfach, sich mit ihr zu unterhalten. Wenn man eine Stunde zusammensitzt, klingelt fünfmal das Telefon, und ihre Tochter ist am Apparat (die mittlerweile weit über dreißig ist). Sie erzählt ihrer Mutter, welche Briefe in der Post waren, dass sie sich jetzt ein Ei brät, wer angerufen hat oder wohin sie geht. Jeder Schritt und jede Handlung wird verkündet. Und wenn sie in der Post sitzt, ruft sie ständig an, um mitzuteilen, dass sie immer noch wartet.

Das ist keine Marotte von Monica, nein, das hab ich oft auch bei anderen beobachtet. Vor allem Mütter und Töchter stehen in ständigem Kontakt, gehen sogar zusammen zum Arzt. Auch wenn es sich nur um einen Schnupfen handelt, geht die Mutter gemeinsam mit ihrer Tochter in den Behandlungsraum.

Es war das Jahr der *porcini,* der Steinpilze. Ich weiß, dass das wunderbare, edle und begehrte Pilze sind, aber welche Hysterie sie in Italien auslösen, war mir nicht bewusst. Ich vermute mal, dass ein Italiener, der im Wald einen Sack voll Gold und einen voll Steinpilze findet, sich wohl eher für den mit den Pilzen entscheiden würde.

Jedenfalls wuchsen *porcini* in jenem Jahr auf unserem Grundstück in Massen.

Chiara fragte mich, ob sie am Nachmittag sammeln kommen könne, und ich sagte: »Aber klar!«, denn ich war froh, auch ihr mal einen Gefallen tun zu können.

Unser Grundstück ist bei unseren Freunden beliebt, da es eingezäunt ist und nicht von Heerscharen sammlungswütiger Fremder heimgesucht und abgeerntet werden kann.

Doch das Schicksal wollte es, dass auch Danilo, ein Bekannter, der uns immer Heu lieferte, anrief und fragte, ob er Pilze suchen kommen dürfe. Klaus stimmte zu, und Danilo war eine halbe Stunde später da.

111

Er sammelte zwei Waschkörbe voll, schenkte uns, die wir keine selbstgesuchten Pilze essen, zum Dank zwölf Eier und schwirrte wieder ab.

Antonio, seine Frau Teresa und auch Chiara schworen übrigens darauf, jeden Pilz zu kennen und die giftigen hundertprozentig aussortieren zu können. Es muss Pech gewesen sein, dass die gesamte Familie nach einer Pilzmahlzeit vor ein paar Jahren sechs Wochen im Krankenhaus verbrachte und fast das Zeitliche gesegnet hätte.

Sie hatten uns, wie auch schon hundert andere Italiener, unzählige Male angeboten, unsere gesammelten Pilze zu begutachten, aber wir hatten jedes Mal dankend abgewunken.

Zur Pilzzeit sind die Zeitungen voll von Berichten über Menschen, die an Pilzvergiftung jämmerlich eingegangen sind.

Nein, danke. *Grazie mille.* Sehr freundlich.

Völlig naiv erzählte ich am Nachmittag Chiara, dass Danilo schon dagewesen sei und eine Menge *porcini* gefunden habe.

Chiara brauchte drei Sekunden, um den Schock zu verdauen. Und dann fing sie entsetzlich an zu weinen. Ich war hilf- und fassungslos, wusste überhaupt nicht, was ich machen sollte. Unser Grundstück war groß genug, Danilo würde bestimmt noch ein paar *porcini* übrig gelassen haben!

Ich nahm sie in den Arm, versuchte sie zu trösten, entschuldigte mich hundert Mal, es half alles nichts. Erst als ich ihr versprach, nie wieder, in meinem ganzen Leben nicht, auch nur irgendeinem anderen Menschen einen Pilz von unserem Grundstück zu gönnen, kam sie langsam wieder zu sich.

Und eine halbe Stunde später fing sie endlich an zu suchen.

Sie fand zwar auch zwei Waschkörbe voll, aber für Chiara war das nur ein kleiner Trost.

Wesentlich heilsamer war da mein hoch und heiliges Versprechen.

Zu Weihnachten hat sie mir dann übrigens einen mit Pralinen gefüllten Plastikpilz geschenkt.

Der Tag, an dem der Herd geliefert wurde

»Was gibt's denn heute zu essen?«, fragte Klaus.

Das fragte er eigentlich jeden Tag. Auch wenn wir schon tausendmal darüber gesprochen hatten. Es war schon fast ein Ritual, und wenn er es nicht tat, fehlte mir was.

»Nichts Besonderes«, meinte ich gelangweilt. »Reste von gestern.«

»Lecker.« Klaus grinste.

Er liebte es, wenn irgendwas aufgewärmt wurde. Damit erfreute man ihn immer.

Wir hatten nur noch ein Hühnerbein in Weißweinsoße mit drei verlorenen Champignonscheiben. Das war ja nicht der Rede wert.

»Kein Problem«, sagte ich. »Du machst dir dazu noch ein paar Bratkartoffeln, ich haue uns Spiegeleier in die Pfanne, und wir könnten ja auch noch Blumenkohl kochen.«

Klaus war begeistert.

Ich setzte den Blumenkohl auf. Wir hatten einen Vier-Flammen-Gasherd. Der Blumenkohl kochte, eine Flamme war schon mal besetzt. Als der Blumenkohl fast fertig war, fing Klaus mit den Bratkartoffeln an, ich machte das Hühnerbein heiß, gab die Eier in die Pfanne und brauchte die größte Pfanne, die wir haben, um den fertigen Blumenkohl anzubraten und mit Käse zu überbacken. Die Blumenkohl- und die Bratkartoffelpfanne passten nicht nebeneinander, zusätzlich Spiegeleier schon gar nicht, weil Klaus nur Spiegeleier isst, die in einer großen Pfanne gebraten werden, damit das Eiweiß schön weit auseinanderfließen kann. Jede Pfanne wurde also nur an einer Seite heiß, wir bekamen schlechte Laune, meckerten uns an und wurden nicht fertig. Das heißt, die Einzelteile des Essens wurden nicht gleichzeitig fertig.

»Das geht so nicht«, sagte Klaus. »Das Problem haben wir mit dem kleinen Herd fast jeden Tag. Wir brauchen einen größeren.«

»Mein Traum und mein Reden seit Langem«, meinte ich und freute mich darauf, einen neuen, großen, praktischen, bequemen und Was-weiß-ich-noch-alles-Herd zu kaufen.

In Arezzo fanden wir einen. Das heißt, wir waren schon ein paar Mal daran vorbeigeschlichen, hatten aber noch nie das Geschäft betreten und ihn wirklich angesehen. Aber jetzt taten wir es. Wild entschlossen und vollkommen fasziniert von diesem Schmuckstück eines bombastischen Herdes!

Er hatte sechs Gasflammen, zwei Backöfen und eine riesige Schublade für Töpfe und Pfannen. Und wunderschöne Messingverzierungen- und griffe, an denen man sich festhalten konnte, damit man bei heftigen Hungerattacken vor Erschöpfung nicht in den Topf fiel.

Die Geschäftsführerin war eine kettenrauchende Brünette mit galoppierendem Haarausfall und lilafarbener Strickjacke, die alle anfallenden Arbeiten an ihren dicklichen vierzigjährigen Sohn weiterleitete, der wahrscheinlich noch bei Mama wohnte, unter ihrer Fuchtel stand, alles für sie tun musste und ihr zum Dank dafür auch noch die Füße küsste.

Ich legte mich ins Zeug und fing an zu feilschen. Klaus fand es immer peinlich, wenn ich handelte, aber toll, wenn ich dann einen guten Preis herausholte. Und um wegen dieser Widersprüchlichkeit nicht meinen heiligen Zorn heraufzubeschwören, verließ er stets den Laden, wenn ich damit begann. Das war auch gut so.

Aber mit Mama am Schreibtisch war der Kauf erstaunlich schnell und problemlos perfekt, und nur zwei Wochen später sollte der Traumherd geliefert werden.

Wir hatten keine Vorstellung, was für Ausmaße und vor allem welches Gewicht dieser Monsterherd hatte. Klaus hatte gerade eine Leistenoperation hinter sich, und ich verdonnerte ihn dazu, auf keinen Fall, wirklich auf gar keinen Fall! beim Tragen dieses Ungetüms zu helfen.

Er sagte nichts. Und das wertete ich normalerweise als Zustimmung.

Ein riesiger Laster kam, bei dem ich mich wunderte, dass er überhaupt den steilen Weg und die engen Kurven der endlosen Schotterstraße bis zu unserem Haus geschafft hatte. Aber egal. Er war ja jetzt da.

Aus dem Führerhäuschen kletterten fünf Männer, die ziemlich genervt aussahen und auch ziemlich grummelig waren, aber ich dachte mir, prima, die werden zusammen das Ding die vierzehn Stufen der toskanischen Außentreppe schon hochkriegen.

Der Karton um den Herd war mit mindestens zwei Quadratmetern Styropor ausgestopft und dementsprechend monströs, also packten die Jungs alles erst einmal aus, und mein Herz hüpfte vor Freude, als der Herd und glänzendes Chrom und Messing in der Sonne funkelten.

Die fünf behielten ihre Kippen im Mundwinkel, als sie das Wahnsinnsgerät die Treppe hinaufschleppten, allerdings verzichteten sie zwei Minuten lang darauf, zu telefonieren.

Wir hatten in der großen, geräumigen Wohnküche Platz für den Herd freigeräumt, rechts und links davon musste später ein kleines bisschen umgebaut werden, aber das war unser geringstes Problem.

Unser alter Herd war längst verschenkt – wir konnten es gar nicht mehr erwarten.

Die Jungs lehnten so etwas Profanes wie Mineralwasser dankend ab, wuchteten das Monster an die richtige Stelle, schlossen alle möglichen Kabel an, öffneten und schlossen Ventile, murksten hier und murksten da – und waren nach drei Stunden schließlich fertig.

Der Herd sah fantastisch aus – und funktionierte nicht.

Die Flammen zischten und rülpsten, machten Explosionen oder gingen aus, und die beiden Backöfen blieben kalt.

»Und nun?«, fragte ich und bekam keine Antwort.

Stattdessen lagen nun fünf Männer in unserer geräumigen Küche auf der Erde und verteilten Schrauben und Schräubchen, große und kleine Eisenteile, Spiralen und Schraubenzieher, Werkzeuge, die ich bei aller Liebe nicht benennen konnte, Zigarettenschachteln, Handys, Tempotaschentücher, durchgeschwitzte T-Shirts, Brieftaschen, Tupperware, Gummiteile und noch tausend Dinge mehr auf dem Fußboden.

Es wurde telefoniert und diskutiert, lamentiert, gestikuliert und probiert.

Die Jungs studierten abwechselnd die Gebrauchsanweisung. Vier Stunden lang. Dabei dachte ich, sie kannten sich mit solchen Herden aus.

Doch es half alles nichts: Der Ofen blieb kalt, die Koch-flammen gebärdeten sich wie explodierende Vulkane.

»Und?«, fragte ich erneut.

»Tja«, sagte das vierzigjährige Muttersöhnchen, das ja nun seine Mami leider nicht dabeihatte, und kratzte sich am Kopf.

»Tja«, sagte auch ich. »Geht nicht. Funktioniert nicht. Also nehmen Sie das Ding wieder mit und bringen Sie uns nächste Woche ein neues. Ist doch ganz einfach.«

Schreckensgeweitete Augen starrten mich an. Einer lachte, ein anderer zündete sich schnell eine Zigarette an, ein Dritter ging hinaus, um zu telefonieren.

»Nein, nein, nein«, sagte das Muttersöhnchen. »Das ist nicht unsere Sache. Wir haben geliefert. Jetzt ist es ein Garantiefall. Sie müssen den *servizio* anrufen.«

»Wie?«, fragte ich konsterniert. »Das Ding hat noch keine zwei Minuten funktioniert, und jetzt ist es schon ein Garantiefall?«

»Ja, doch«, sagte das Muttersöhnchen kleinlaut und grinste schief. »So ist es leider. *Mi scusi,* Signora.«

Ich war hilflos.

»*Arrivederci,* Signora, und heben Sie die Teile gut auf!«, sagte das Muttersöhnchen und gab seiner Truppe einen Wink, »wir gehen. Alles klar. Schönen Tag noch!«

Sie rafften ihre Sachen zusammen.

Klaus und ich waren fassungslos.

Der Lastwagen donnerte unsere Privatstraße hinunter, als sei er im Endspurt der Ralley Paris-Dakar.

Und unsere Küche sah aus wie ein Ersatzteillager. Überall lagen Schrauben und Einzelteile des Herdes verstreut, ab-gerissene Folie, Styroporreste, herumfliegende Blätter der Gebrauchsanweisung.

Mir war zum Heulen zumute, denn wir saßen im Chaos, und Kochen ging ja nun gar nicht mehr.

Klaus fuhr zum Baumarkt und kaufte für neununddreißig Euro einen Campinggrill, mit dem wir uns auf dem *portico* wenigstens mal ein Stück Fleisch grillen konnten, und ich rief die resolute Mama des Muttersöhnchens an.

Sie war bereits bestens informiert, überaus reizend am Telefon und blieb völlig gelassen.

Italiener toben ja nicht. Sie regen sich auch nicht auf. Sie schimpfen nicht, sie streiten sich nicht, sie sind immer die Ruhe selbst, es ist ihnen alles egal. Sie wollen Harmonie, keinen Stress. Die beste Methode ist immer, alles auszusitzen und gar nichts zu sagen. Warum man ihnen nachsagt, sie seien »temperamentvoll«, ist mir schleierhaft.

Ich kapitulierte. Mir fiel nichts mehr ein. Mein Kopf weigerte sich, noch weitere italienische Katastrophen-Vokabeln auszuspucken, daher schrieb ich die Nummer vom Kundendienst, die sie mir diktierte, brav mit. So wie man mathematische Formeln von der Tafel abmalt und ganz genau weiß, dass man sie nie im Leben durchschauen wird.

Ich hatte das dumpfe Gefühl, dass sich das Herdproblem – wie alles in Italien – zu einer unendlichen Geschichte auswachsen würde.

Doch dann – oh Wunder – bekam ich den Kundendienst sofort an die Strippe, und drei Tage später war der gute Mann da.

Vielleicht hatte die Mama aus dem Geschäft auch ein bisschen Dampf gemacht. Die kennen sich schließlich untereinander alle seit hundertzwanzig Jahren.

Freundlich war der Mann nicht, er schimpfte auf die schlechte Straße und empfand es wohl als Zumutung, wegen eines in seine Einzelteile zerlegten kaputten Herdes zu einem derart abgelegenen Haus in der Pampa fahren zu müssen.

»Was haben Sie denn hier gemacht?«, fragte er konsterniert, aber das war auch alles, was er sagte. Dann fing er an, irgendetwas Idiotisches zu tun, das heißt, er nahm auseinander, was noch nicht auseinandergenommen war, und machte den Quatsch noch quätscher. Als er die unterste Abdeckung des Ofens ausbauen wollte, verlor er die Geduld, riss wie ein Wilder an dem Blech herum, bis es verbogen war, und zerkratzte außerdem die äußere Verkleidung des Ofens.

Wir sahen sprachlos zu. Der nagelneue, teure Herd funktionierte nicht, wurde dafür aber von einem Service-Menschen auch noch verbogen und zerkratzt. Na toll!

Doch es kam noch schlimmer.

Jetzt montierte er die Abdeckung des Herdes ab, auf die die Gasdüsen geschraubt waren. Darunter war eine dicke, filzige Isolation aufgeklebt. Eine Sicherheitsschicht und aufgepappt für die Ewigkeit.

Aber unser Mechaniker kratzte sie mit einem Messer ab, so dass zentimetergroße Fetzen zu Boden rieselten.

Ich sah, dass Klaus kurz vor der Explosion stand, und dachte, prima, warum nicht auch mal er?

Der Service-Fritze bastelte eine gute Stunde, dann machte er sich daran, alles wieder zusammenzusetzen. Und als er anfing, die zerstörten Isolationsfetzen irgendwie wieder aufzukleben, wobei es natürlich erhebliche Lücken gab, platzte Klaus der Kragen.

Er tobte, dass das ja wohl ein Unding sei, dass er diese stümperhafte Reparatur niemals abnehmen und akzeptieren werde, zumal die Sicherheitsschicht jetzt nicht mehr vollständig und der Herd nicht mehr sicher sei. Außerdem zeigte er dem Techniker die Beulen und Kratzer, die er verursacht hatte, aber der zuckte nur mit den Achseln. Das ging bei ihm links rein und rechts wieder raus.

Und dann machte der Servicemensch das, was alle Italiener machen: Er packte seinen Kram, stieg stumm in sein Auto und fuhr davon.

Super. Die Einzelteile in unserer Küche hatten sich durch ein wunderschönes Intermezzo vermehrt, aber der Herd funktionierte immer noch nicht.

Und dieser Techniker, der für die Herdreparaturen dieser Firma für die gesamte Region zwischen Florenz und Arezzo zuständig war, würde nie wiederkommen. So viel war klar.

Also rief ich am Nachmittag wieder die Mama des Jüngelchens an und erklärte ihr, dass der Herd nicht mehr zu reparieren sei und der Techniker ihn nicht nur beschädigt, sondern auch grundsätzlich kapituliert habe. Es würde also kein Weg daran vorbeiführen: Sie müssten einen neuen Herd liefern.

»*Allora*«, meinte die Brünette, und ich hörte, dass sie erst seufzte und sich dann eine Zigarette anzündete, was ich als gutes Zeichen wertete. Offensichtlich hatte sie die Brisanz der Situation begriffen.

»*Allora*«, wiederholte sie und machte eine unerträglich lange Pause. »Wenn wir einen neuen Herd bestellen, dauert das mindestens zwei Monate, Signora.«

Das saß. Jetzt brach ich innerlich zusammen und sah uns schon jeden Tag Pizza holen und dick und fett werden. Und das Schlimmste daran war: Wenn ein Italiener sagte *zwei* Monate, dann waren es mindestens fünf! Also ein halbes Jahr nicht kochen.

Ich war überhaupt nicht mehr wütend, sondern fragte resigniert mit dünner Stimme: »Und das geht wirklich nicht schneller?«

»Nein, Signora. Tut mir leid. Und es liegt ja nicht an uns. Jeder Herd ist ein Unikat, die Firma liefert nicht schneller. Sie hatten Glück und haben unser Ausstellungsstück bekommen.«

Was das für ein Glück war, wurde uns allmählich klar. Da hatten die doch wahrhaftig das Ding aus dem Geschäft nochmal in Styropor verpackt und verschnürt, damit es aussah wie ein Original.

Allmählich wunderte mich nichts mehr.

»Bestellen Sie«, hauchte ich ins Telefon und legte auf.

»Wir haben einen Fehler gemacht, Klaus. Wir haben bezahlt, obwohl wir nicht wussten, ob das Ding funktioniert. Weil wir einfach davon ausgegangen sind, dass ein neues Gerät funktioniert. Ein Italiener dagegen geht immer davon aus, dass nichts in Ordnung ist und bezahlt erst, wenn wider Erwarten alles funktioniert. Und darum haben wir jetzt ein Problem.«

Klaus knurrte, und ich sah ihm an, wie sehr er sich ärgerte. »Es hat keinen Zweck zu telefonieren. Du kannst die Tante in dem Geschäft noch dreißig Mal anrufen, es wird nichts ändern. Schalte den Computer an, wir werden einen Brief schreiben. Vor Briefen fürchten sich die Italiener. Aber anders geht es ja offensichtlich nicht. Wir werden eine Frist setzen, und dann übergeben wir die ganze Sache einem Anwalt.«

»Tolle Idee! Ein Prozess in Italien dauert mindestens acht bis zehn Jahre. Aber warum auch nicht? Wir können ja die nächsten zehn Jahre geschmierte Brote essen.«

»Hast du eine bessere Idee?« Klaus funkelte mich wütend an.

Wir gingen ins Büro, und Klaus diktierte mir einen gepfefferten offiziellen Brief auf Deutsch. So etwas schüttelt er aus dem Ärmel, und ich übersetzte ihn dann sorgfältig mit Wörterbuch und Grammatik ins Italienische.

Wir setzten eine Frist von zwei Wochen und drohten damit, wenn der neue Herd bis dahin nicht geliefert sei, die Angelegenheit unserem Anwalt Marco Benedetti zu übertragen.

Wir kannten gar keinen Anwalt Marco Benedetti, aber wir schrieben seinen Namen mit Adresse und Telefonnummer aus dem Telefonbuch ab.

Dann schickten wir den Brief als Einschreiben mit Rückantwort und warteten ab, was geschehen würde.

Zwei Tage später machten wir gerade unseren wöchentlichen Großeinkauf (nur Dinge, die man kalt essen kann), als mein Handy klingelte.

»Wir liefern Ihnen einen neuen Herd«, flötete die Chefin, »die Jungs sind in einer Viertelstunde bei Ihnen.«

Jetzt verstand ich überhaupt nichts mehr. Wo hatten sie den denn so schnell hergezaubert?

»Schade«, sagte ich, »wir sind nämlich gerade nicht zu Hause. Warum haben Sie nicht früher angerufen?«

Was für eine bescheuerte und – wie wir wissen – vollkommen überflüssige Frage.

»Wann sind Sie denn wieder zurück?«

»In drei Stunden. Schneller geht es wirklich nicht.« Jetzt wollte ich auch ein bisschen schwierig sein.

Aber auch das schien sie nicht zu stören.

»*Va bene*«, meinte sie. »Dann warten die *ragazzi*, bis Sie nach Hause kommen.«

Ragazzi sind ja eigentlich nur Jugendliche, aber das nimmt der Italiener nicht so genau. Eine Gruppe Männer, die man gut kennt, sind eben *ragazzi*. Auch wenn über Fünfzigjährige dabei sind. Völlig wurscht.

Nach anderthalb Stunden waren wir zu Hause. Natürlich hatten wir uns beeilt wie die Blöden, damit die *ragazzi* bloß nicht auf die Idee kamen, das gute Stück wieder abzutransportieren.

Nun wurde das alte Teil die Treppe runter- und das neue raufgeschleppt, was eine ungeheure Kraftanstrengung war. Die *ragazzi* taten mir fast leid, und allmählich glaubte ich, dass die Firma oder das Geschäft wahrscheinlich ein ganzes Lager voller Herde hatten, sie wollten bloß diese elende Schlepperei nicht noch einmal machen.

Und dann traute ich meinen Augen nicht. Die *ragazzi* packten das kaputte Teil sehr sorgfältig in Styropor ein, hoben es in den Karton, in dem der neue Herd gewesen war, legten die Gebrauchsanweisung dazu und klebten den Karton zu. Der nächste Käufer, der diesen originalverpackten Superherd bekam, würde seine helle Freude haben.

Ich wunderte mich über nichts mehr.

Anschließend ging alles sehr schnell. Eine Stunde nur – und der neue Herd funktionierte! Ich konnte es kaum fassen.

Zu guter Letzt schenkten sie uns noch zwei Schürzen mit dem Emblem der Firma, damit wir uns an diese hübsche Geschichte auch immer wieder erinnern würden, und rumpelten davon.

Kaputt ist Standard

Der kaputte Herd war wahrhaftig kein Einzelfall. So einen pompösen riesigen Herd kann man sich natürlich nicht zweimal oder dreimal anschaffen, aber bei allen erschwinglichen Geräten, die auch nicht allzu viel Platz wegnehmen, wenn man sie irgendwo einlagert, würde ich in Italien dazu raten.

Denn Geräte, die man ja besitzt, weil man sie dringend braucht, sieht man im Falle einer Reparatur oft wochen- und monatelang nicht wieder. Und hin und wieder bekommt man auch ein anderes, sehr viel älteres Gerät zurück, als man abgegeben hat. Denn wer schreibt sich schon die Herstellungsnummer einer Kaffeemaschine auf, die winzig klein auf dem Boden steht und die man oft mit der Lupe suchen muss, nur weil das Ding zur Reparatur muss? Wahrscheinlich niemand, aber in Italien sollte man sich das angewöhnen. Um Missverständnissen vorzubeugen: Ich rede hier von Geräten, die meistens nagelneu waren. Die wir auspackten, anschalten wollten, die aber bereits kaputt waren.

Dies passierte uns mit dem schon erwähnten Herd, mit einer Kaffeemaschine, diversen Autos, einer Computermaus, einem Computer, zwei Druckern, einem Toaster, einer Spülmaschine, einem Staubsauger, einer Klimaanlage, einem Handy, einer Therme, einem Trecker, einem Rasenmäher, einem Gasgrill, einer Motorsäge, einem Grasschneider und vier Decodern.

Während in Europa alle darum bemüht sind, sich anzunähern und gleiche Normen zu finden, versucht man sich dem in Italien wo es nur geht zu entziehen. Das fängt bei dem Desinteresse an fremdländischer Küche an und hört bei den Steckdosen auf.

Der *italienische Stecker an sich* ist eine einzige Katastrophe. Er hat statt zwei Stäben drei zum Einstecken in die Steckdose. Daher gibt es auch in manchen Hotels und Haushalten noch diese merkwürdigen Steckdosen, in die ein Dreier passt. Das ist zwar sehr italienisch, aber leider Pech, denn der Zweier ist die europäische Norm und neunundneunzig Komma neun Prozent aller Elektrogeräte haben auch in Italien einen Zweier-Stecker.

Also verkaufen die findigen Italiener haufenweise Adapter aller Art, die wie Zauberwürfel aussehen und auf jeder Seite jede Menge Löcher haben, damit man alle möglichen Stecker dieser Welt hineinstecken kann. Wenn man so ein klobiges Monster überall in der Wand stecken hat – also nun, schön ist anders.

Aber der Italiener, der sich von allem, aber auf gar keinen Fall von seinen bekloppten Dreier-Steckern trennen will, ist ja ein pfiffiges Kerlchen und hat Steckerdosen entwickelt, in die angeblich sowohl der Dreier als auch der Zweier passen soll. Angeblich. Ich habe teilweise eine Viertelstunde mit meinem Zweier-Stecker in der Zweier-Dreier-Steckdose herumgestochert und das Ding einfach nicht hineinbekommen. Das ist unangenehm, wenn der Klempner mit scharrenden Hufen vor dem Tor steht, um den Wasserschaden zu reparieren, man ihn aber nicht reinlassen kann, weil man den

Stecker, den man während des letzten Gewitters rausgezogen hat, nicht mehr in die blöde Steckdose bekommt. Und dann geht das Tor nicht auf, der Klempner verzweifelt davor oder fährt wahrscheinlich nach Hause, um in den nächsten vier Wochen nicht wiederzukommen.

Und je hektischer und nervöser man wird, umso weniger klappt es.

An eine italienische Universalsteckdose muss man machomäßig gelassen herangehen. Angstfrei und siegessicher. Man muss sich sagen: Pass mal auf, du dummes Ding, ich versuch es jetzt, und du wirst sehen, es klappt beim ersten Mal.

Dann klappt es vielleicht auch. Vielleicht. Elektriker schaffen es immer auf Anhieb und verteidigen diese tolle italienische Erfindung – ich nicht.

Man muss sich nur mal im Baumarkt umsehen. Kein Elektrogerät hat diesen dussligen italienischen Dreier-Stecker, alle haben den Zweier. Aber es gibt bergeweise Steckdosenleisten zu kaufen, in die man stundenlang Zweier einstöpseln und die Leiste dann in eine Dreiersteckdose in der Wand stecken kann.

Wir besaßen einen riesigen Industriestaubsauger aus Deutschland, den es aber auch in Italien gibt, der in unserem großen Haus nicht gleich nach dem dritten Arbeitseinsatz streikte und der klaglos die Millionen von Hundehaare fraß, ohne zu ersticken oder sich zu übergeben.

Aber so tapfer der Staubsauger all die Jahre auch war, er hatte nicht mit einer italienischen Putzfrau gerechnet, die ihm in kürzester Zeit den Garaus machte. Sie zerrte und zottelte brutal an der Schnur herum, spannte sie bis zum Geht-nicht-mehr und riss den Stecker jedes Mal an der Schnur aus der Steckdose.

Irgendwann überstanden sowohl Stecker als auch Schnur des Staubsaugers diese Behandlung nicht mehr.

Im gesamten Valdarno, sogar bis hin nach Montevarchi gab es nur einen winzigen Laden, der Reparaturen an Elektrogeräten vornahm, wenn man keine Lust hatte, in die Nähe des Comer Sees, nach Sardinien oder Sizilien zu fahren und eine Woche unterwegs zu sein, um eine Servicestelle der Staubsaugerfirma aufzusuchen.

Also blieb mir nur dieser Krauter. Der hatte ein circa zehn Quadratmeter großes Geschäft, verkaufte dort Heizkissen, Entkalker für Kaffeemaschinen, Eierkocher, Bügeleisen und Ähnliches und reparierte alles, was auch nur irgendwie mit Strom funktionierte. Und in einem Radius von einhundert Kilometern rannte jeder dorthin, um irgendein Elektrogerät, das seinen Geist aufgegeben hatte und nicht mehr Piep sagte, reparieren zu lassen.

Bei dem Krauter stand eine Frau mit extrem kurz geschorenen Haaren hinterm Tresen und nahm die Schadensfälle an, und in den Werkstatträumen dahinter wütete ihr Mann und versuchte, den Schrott irgendwie wieder in Gang zu bringen.

Wir wuchteten also das schwere Teil in das winzige Geschäft, die Kurzgeschorene sah mit einem Blick, dass auf alle Fälle ein neuer Stecker, vielleicht auch eine neue Schnur nötig waren, und gab uns die Quittung, dass wir unseren Staubsauger abgegeben hatten. Dann schrieb sie sich unsere Telefonnummer auf und sagte, sie würde sich melden, wenn der Staubsauger repariert sei.

Das glaubten wir – italienerfahren und gestählt – natürlich nicht, denn in Italien ruft niemals einer an, wenn er es versprochen hat, und so warteten wir erst gar nicht auf den Anruf.

Das war ja schon mal ziemlich entspannend.

Nach einem Monat fuhren wir wieder hin.

Nichts war passiert. Gar nichts. Ich regte mich auf und fragte, ob sie sich vorstellen könnten, wie ein Haus, in dem zwei Hunde lebten, nach vier Wochen ohne Staubsaugen aussah?

»Ich weiß, ich weiß«, sagte die Kurzgeschorene, »aber wir tun unser Bestes. Wir haben auch schon einen passenden Stecker bestellt, aber der ist noch nicht eingetroffen.«

Das war nun die *typischste und alleritalienischste* Antwort überhaupt!

Fakt war, dass die Krauter noch keine Sekunde auch nur einen Gedanken an den Staubsauger verschwendet hatten. Und Fakt war auch, dass ein Reparaturkrauter für Elektrogeräte zumindest etwas vorrätig hatte: Stecker! So einen albernen Nullachtfünfzehn-Stecker musste der nicht bestellen.

Die vier Wochen waren ihnen jetzt peinlich, sie konnten sich unsere verdreckte Bude bestens vorstellen, aber kein Italiener schafft es zu sagen: »Tut mir leid, aber ich hab das völlig vergessen.« Oder auch: »Tut mir leid, ich hab da was falsch gemacht!« Das geht nicht. Die Kurzgeschorene versicherte mir nun, dass der Staubsauger sicher in einer Woche fertig sein würde, und wir trollten uns.

Eine Woche später fuhr ich wieder hin. Klaus hatte keine Zeit mitzukommen.

Es schüttete wie aus Eimern, und mir grauste bei dem Gedanken, das schwere Gerät durch den strömenden Regen über eine riesige Piazza bis zu meinem Auto tragen zu müssen.

Als ich den Laden betrat, sah ich schon an dem entsetzten Gesicht der Kurzgeschorenen, dass sie uns wieder vergessen hatten. Aber ich fragte dennoch tapfer nach meinem Staubsauger, sie lächelte verlegen und verschwand in der Werkstatt.

Zehn Minuten lang tauchte sie nicht wieder auf. Ich stellte mir Berge von Elektroschrott vor, unter denen sogar unser Monsterstaubsauger schwer oder gar nicht wiederzufinden war.

Aber schließlich schleppte sie ihn in den Verkaufsraum, und ich sah sofort, dass der Stecker *nicht* repariert war.

Jetzt kam die Krönung: »Der Stecker ist heute früh erst geliefert worden«, sagte sie dreist, »wenn Sie eine Viertelstunde Zeit haben oder noch irgendwo einen Kaffee trinken gehen wollen, macht mein Mann Ihnen das jetzt sofort.«

»Sehr freundlich«, antwortete ich, »aber ich glaube, ich warte lieber hier.«

Fünf Minuten später brachte der Gedrungene, der einen Kopf kleiner war als seine Frau, den Staubsauger mit dem neuen Stecker. Auf eine neue Schnur hatte man aus Zeitgründen offensichtlich verzichtet.

Als der Staubsauger vor mir stand, traute ich meinen Augen nicht: Sie hatten mir einen *italienischen Dreier-Stecker* drangebastelt, der in meinem Haus in keine einzige Steckdose passte.

Der Gedrungene hatte sich bereits wieder in die Werkstatt verzogen.

Ich sah mich im Krauterladen um. Hier wurde kein einziges Gerät verkauft, das einen Dreier-Stecker hatte, alle hatten einen Zweier, die europäische Norm.

»Was soll das denn?«, fuhr ich die Kurzgeschorene an, »wieso basteln Sie mir einen Dreierstecker an meinen Staubsauger, wenn er einen Zweier hatte? Der passt bei mir nirgends. Ich will einen Zweierstecker haben. Unbedingt!«

Im Laden war es voll. Wie immer eigentlich.

Und nun brüllte die Kurzgeschorene durch den ganzen Laden in Richtung Werkstatt: »Luigi, die Signora will den Stecker nicht! Sie will unbedingt einen deutschen!«

»Nein, Signora«, keifte ich jetzt auch, »ich will keinen *deutschen,* ich will einen europäischen, einen internationalen, einen eigentlich ganz normalen!«

Wortlos gab sie mir einen Adapter. »Den schenke ich Ihnen.«

»Ich will aber keinen Adapter! Ich will einen Stecker, wie ich ihn hatte, und basta.«

Der Gedrungene erschien wieder im Laden. Alle anderen Kunden starrten mich an, und wie immer hatte ich das Gefühl, die einzige Schwierige zu sein.

»Die Signora will auch keinen Adapter, Luigi, sie will unbedingt einen deutschen Stecker«, wiederholte die Kurzgeschorene noch einmal, was ich jetzt schon als unverschämt empfand.

Der Gedrungene wanderte mit dem Staubsauger wieder ab in die Werkstatt. Jetzt hatte ich wirklich Appetit auf einen Kaffee, aber ich blieb, und die Kurzgeschorene würdigte mich keines Blickes mehr, sondern bediente die anderen Kunden mit übertriebener Liebenswürdigkeit.

Zehn Minuten später kam der Gedrungene mit meinem Staubsauger samt Zweier-Stecker wieder. Oh Wunder! Ich bezahlte und ging. Schleppte den Monsterstaubsauger im strömenden Regen zu meinem Auto und dachte, dass mir der Gedrungene dabei eigentlich hätte helfen können.

Italienische Momente

Meine Freundin Chiara rief mich an und sagte: »Weißt du schon, dass am nächsten Samstag Andrea Bocelli auf der Piazza del Campo in Siena singt? Ich geh hin. Hast du Lust mitzukommen?«

Das war ja der Hammer! Bocelli live in Siena. Ich war ein totaler Bocelli-Fan und hörte seine Musik den ganzen Tag rauf und runter.

Chiara sagte noch: »Bring dir was zum Sitzen mit, es wird anstrengend.«

Nun ist es sowieso schon ein Unding, in Siena einen Parkplatz finden zu wollen, an einem Tag wie diesem jedoch, wenn sich die halbe Welt zu solch einem Ereignis versammelt, so gut wie aussichtslos.

Aber ich denke immer, mit Parkplätzen ist es wie beim Kartenspielen. Wenn du schlechte Laune hast, bekommst du ein schlechtes Blatt und auch keinen Parkplatz. Du musst fröhlich drauf sein und dir vorstellen, dass es noch einen einzigen freien Parkplatz gibt, und der wartet auf dich, obwohl die ganze Stadt überfüllt ist, nur dann klappt es.

Und so war es.

Ich kam an, sah den Parkplatz, fuhr rein, und das war's.

Chiara starrte mich an, als hätte ich gerade Wasser in Wein verwandelt (was mir noch lieber gewesen wäre).

Dann lachte ich und meinte: »Gehen wir, das ist heute unsere Nacht!«

Klaus hatte übrigens dankend abgewunken. Freiluftkonzerte, Menschenmassen, Bocelli und das stundenlange Stehen sagten ihm gar nicht zu. Nichts von alledem. Er war froh und glücklich, zu Hause bleiben zu dürfen.

Im Pulk von Heerscharen wanderten wir zum Campo. Das kann ja heiter werden, dachte ich, denn inmitten von so vielen Menschen bekam auch ich leicht Panik. Aber um uns herum war alles friedlich. Niemand pöbelte, schob, stieß oder boxte, und ich beruhigte mich.

Wir schafften es, uns auf dem Campo ganz nach vorn vorzuarbeiten, und Chiara erklärte mir das System: Direkt vor der riesigen Bühne standen tausend Klappstühle, reserviert für zahlende Gäste, die Hunderte von Euro hingeblättert hatten.

Der gesamte übrige Platz war frei. Dort konnte jeder stehen und zuhören, der wollte.

Wir hatten zwei Kissen und eine Flasche Wein dabei, und ich sah, dass dies nicht nur meine Idee gewesen war. Fast jeder oder jedes Pärchen hatte Wein mitgebracht, was ich sehr sympathisch fand.

Aber an Hinsetzen war nicht zu denken, die Zuhörer standen bereits viel zu dicht, und immer mehr drängten nach vorn. Wir warteten zweieinhalb Stunden in der Menge, und als der blinde Bocelli auf die Bühne geführt wurde, war ich bereits so kaputt, dass ich mich nur noch nach meiner Terrasse sehnte.

Aber was dann kam, entschädigte mich für alles.

Dreißigtausend Leute standen dicht gedrängt auf dem Campo von Siena und lauschten zwei Stunden lang still und ergriffen Bocellis Gesang. Dabei hielten fast alle ihre Handys in die Höhe und filmten das Konzert mit oder aber übertrugen es live zur Oma nach Hause. Die herrschaftlichen *palazzi*, die den Campo einrahmten, waren mit gelblichem Licht warm angestrahlt, in den offenen Fenstern standen die Menschen mit Sektkelchen in der Hand und hörten zu.

Es war eine unglaubliche Atmosphäre, und ich wusste, dass die Menschenmenge geduldig noch auf den einen Song wartete: Bocellis absoluten Welthit *Con te partirò*.

Und dann war es endlich so weit. Die ersten Takte dieses Liedes erklangen, aber plötzlich war es nicht mehr so andächtig still auf der Piazza wie vorher. Durch die kleinen Nebengassen drangen Lärm, Pfiffe, Grölen und Geschrei, und der Krach schwoll immer mehr an, sodass Bocellis Gesang kaum noch zu hören war.

Spätestens jetzt war den Sienesen klar, was los war: An diesem Abend hatte der *AC Siena* gespielt und gewonnen, sodass Siena wieder in die B-Liga aufsteigen würde. Die Fans waren im Siegestaumel und nicht mehr zu bremsen. Sie drängten auf den Campo, um zu feiern.

Und dann passierte etwas Unglaubliches: Dreißigtausend Bocelli-Zuhörer, die ihre Hymne nicht im Krach untergehen lassen wollten, sangen nun aus voller Kehle dieses Lied mit. Mehrmals hintereinander. Die Piazza schien bei diesem gewaltigen Gesang zu vibrieren, mir sprangen die Tränen in die Augen, und Gänsehaut überzog meinen ganzen Körper. Die Fußballfans versuchten grölend, den Chor zu übertönen, aber es gelang ihnen nicht.

Das Konzert war zu Ende, und es dauerte zwei Stunden, bis sich der Platz langsam geleert hatte. Denn die Piazza del

Campo ist wie ein Kessel, wie ein Stadion, und die Flucht-wege sind enge Gassen. Die einen wollten rein, die andern raus, es war ein heilloses Durcheinander, ein grandioses Chaos, aber alles ging friedlich vonstatten, und irgendwann konnten auch wir die Piazza verlassen.

Unter einem Romulus-und-Remus-Denkmal setzten wir uns auf eine Treppenstufe und tranken langsam unse-ren Wein. Die Stadt war immer noch voller Menschen, ob-wohl es schon kurz vor eins war.

»Das war gewaltig, als alle angefangen haben zu singen«, sagte ich zu Chiara. »Weißt du, das sind Momente, die es einfach nur in Italien gibt.«

Chiara nickte nur, und ich sah ihr an, wie sehr sie sich über das Kompliment für ihr Land freute.

La posta

In Deutschland hörte ich oft den Satz: »Ich geh mal rasch zur Post, bin gleich wieder da!«

Dieser Spruch klingelte mir, seit ich in Italien lebte, immer wieder in den Ohren. Was für eine wunderbare Utopie!

In Italien wartet man, wenn sechs Leute vor einem sind, mindestens anderthalb Stunden. Aber es stehen leider nicht sechs Leute vor einem, sondern fast immer zehn bis zwanzig. Und dann wartet man im günstigsten Fall nur drei Stunden. Gerne auch länger.

Es ist zum Verzweifeln.

Egal, ob jemand Geld vom Sparbuch abhebt, ein Einschreiben aufgibt oder etwas einzahlt – jeder Vorgang dauert zehn bis fünfzehn Minuten. Und wenn jemand drei Aktionen durchführt, wartet man leicht eine halbe Stunde und denkt: *Mammamia*, ich bin erst eine Person weiter!

Den Italiener an sich kratzt das alles überhaupt nicht. Er weiß, wenn er fünf Briefmarken kaufen will, ist der Vormittag vorbei, darauf stellt er sich ein und regt sich nicht auf. Ob er nun auf der Straße steht und mit den Nachbarn tratscht oder ob er es in der Post tut, macht schließlich keinen Unterschied.

Die Post ist ähnlich wie das Wartezimmer beim Arzt allgemeiner Treffpunkt und die Kontaktbörse. Hier erfährt man, bei wem eingebrochen wurde, wer wieder schwanger ist und von wem, wer sich das Bein gebrochen hat, wer vom Olivenbaum gefallen ist und wer wann wo etwas Ungehöriges gesagt hat. In der Post wird getratscht, was das Zeug hält, und den Italienern gefällt's. Darum ist auch eine stundenlange Wartezeit nichts, worüber man sich aufregt. Wenn man sich der Post nähert, hört man bereits das lautstarke Stimmengewirr und weiß: Es ist wieder die Hölle los.

Drinnen herrscht generell ein Heidenlärm. Alle reden durcheinander, einige telefonieren, alle schreien sich an. Das liegt daran, dass der Italiener seinem Gegenüber nie zuhört, sondern selber zur gleichen Zeit auch redet. Und da beide wissen, dass ihnen nicht zugehört wird, reden sie umso lauter, um sich Gehör zu verschaffen. Und je länger sie aufeinander einreden, umso lauter brüllen sie.

Ich weiß, dass man in der Schauspielschule jahrelang mit Stimmtechnik und Atemübungen zu erlernen versucht, seiner Stimme mehr Volumen zu geben, um über die berühmte »Rampe« zu kommen. Der Italiener trainiert seine Stimme, seit er auf der Welt ist, und es ist faszinierend zu hören, zu welcher Lautstärke er fähig ist, und erschreckend zu erleben, dass er so gut wie nie auch nur eine Stufe leiser schaltet.

Es war an einem Montagmorgen. Ich setzte mich um halb zehn ins Auto und fuhr ins Dorf, was mich immer eine halbe Stunde kostete. Klaus sagte ich, dass ich vor halb zwei auf keinen Fall zurück sei.

Ich wunderte mich schon, dass der Parkplatz vor der Post, der normalerweise gnadenlos zugeparkt war, fast völlig leer stand. Sofort hatte ich ein ganz schlechtes Gefühl.

Und richtig: An der Tür hing eine handschriftliche Information: *Lunedì, il 2° luglio sciopero* – Montag, den 2. Juli Streik.

Na toll. Alle naselang war irgendwann und irgendwo und immer wieder Streik, und keiner wusste, warum und wieso. So etwas wurde vorher auch nicht angekündigt, nein, wer an dem Tag unbedingt zur Post wollte, war selber schuld.

Klaus traute seinen Augen kaum, als ich um halb elf wieder zurückkam.

»Was denn?«, fragte er ungläubig. »Ging es auf der Post so schnell?«

»*Sciopero*«, sagte ich nur. Mehr konnte ich nicht sagen, weil ich sonst vor Wut explodiert wäre.

Also am nächsten Tag dieselbe Aktion. Ich hatte einigermaßen gute Laune, ein dickes Buch in der Handtasche und hoffte, die Warterei einigermaßen italienisch gelassen durchstehen zu können. Obwohl ich schon so eine leise Ahnung hatte, dass nach dem Streiktag noch mehr Leute da sein würden als sonst.

Aber der Brief musste unbedingt weg!

Als ich die Tür zur Post öffnete, traf mich fast der Schlag. Es war so voll, dass ich kaum den Schalterraum betreten konnte. Da standen mindestens dreißig Personen. Eine armselige Tante saß am Schalter, die alles, aber auch wirklich alles in Zeitlupe erledigte und die gar nicht zu bemerken schien, welcher Wahnsinn vor ihr tobte. Sie schaffte höchstens vier bis fünf Personen in der Stunde. Jetzt war es zehn Uhr. Für meinen Einschreibebrief hätte ich bis anno Schnee anstehen müssen. Fluchtartig verließ ich die Post und fuhr wieder nach Hause.

Klaus grinste, als ich aus dem Auto stieg, und allein dafür hätte ich ihn umbringen können.

»Du glaubst nicht, wie voll es ist«, sagte ich matt. »Ich schaffe es nicht. Ich kann wegen dieses blöden Briefes nicht Stunden anstehen.«

»Dann fahr morgen nach Montevarchi oder nach Bucine oder Legna.«

»Legna hat nur dienstags und donnerstags geöffnet, und Montevarchi und Bucine sind noch voller, hat Livia gesagt.«

»Dann bleibt uns nur noch San Giovanni.«

»Wie voll es da ist, wissen wir. Da gebären die Frauen ihre Kinder, während sie anstehen. Und außerdem fahre ich bis San Giovanni anderthalb Stunden.«

Klaus zuckte die Achseln, und dafür hätte ich ihn schon wieder umbringen können.

»Meinst du, ich kann in dieser Woche noch irgendetwas anderes tun, als diesen einen blöden Brief abzugeben?«

»Wahrscheinlich nicht.«

»Wie machen es Italiener, die vormittags arbeiten?« Denn die Postämter waren nur vormittags geöffnet.

»Keine Ahnung.« Klaus grinste schon wieder. »Aber wer arbeitet denn vormittags? Ich kenne keinen. Ist ja auch gar nicht möglich! Man hat pro Woche mindestens drei Behördengänge, die immer Stunden dauern. Beim Arzt sitzt man im Wartezimmer auch mindestens fünf Stunden, im Krankenhaus muss man den ganzen Tag einplanen nach dem Motto: Wer krank ist, hat Zeit! Dazu kommt das Posttheater, und in der Bank ist es ähnlich. Wie soll man denn da noch arbeiten?«

»Ich verstehe nicht, wie dieses Land funktioniert«, murmelte ich.

»Es funktioniert ja auch nicht«, meinte Klaus trocken, und ich fragte mich, warum nicht *er* am nächsten Tag mal sein Glück mit dem Brief versuchte.

Dritter Tag, dritter Versuch, mittlerweile Mittwoch.

Ich fuhr also wieder morgens um halb zehn nach Castellino.

Die Post war gerammelt voll.

Heute würde ich durchhalten. Heute wollte ich es wissen.

Da jeder, der neu hereinkam, erst einmal großartig begutachtet wurde, musste man den einen Moment der Aufmerksamkeit nutzen und schnell fragen, wer denn der Letzte sei, damit man sich nur die eine Nase merken musste.

Ich fragte also: »Wer ist denn bitte der Letzte?«, und eine alte Frau mit Hausschuhen und in Kittelschürze hob ihren gichtigen Zeigefinger.

Ich nickte dankend und überlegte, ob sie es überhaupt noch erleben würde, dranzukommen.

»Dabei sind *Sie* ja eigentlich die Letzte«, sagte ein dickbauchiger, mittelalterlicher Schlaumeier zu mir, und alles lachte.

Ha ha ha. Der Blödkopp hatte mir grade noch gefehlt.

Ich konnte mir im Moment kein schwereres Schicksal vorstellen, als bei fünfunddreißig Grad im Schatten stundenlang in einer eisgekühlten Post zu stehen und zu frieren, statt den warmen Sommertag auf der Piazza oder der eigenen Terrasse zu genießen.

Also lehnte ich mich an eine Wand, hoffte, die Zeit möge wie im Fluge vergehen, und klappte mein Buch auf.

Aber natürlich drang trotz des Lesens einiges zu mir durch, und ich begriff: Richtig, es war Anfang des Monats, und die Leute holten ihre Rente.

Der Teufel liegt eben nicht nur im Detail, sondern auch im System.

So eine wunderbare Erfindung der Neuzeit, nämlich die Bankabbuchung per Dauerauftrag oder die monatliche

Banküberweisung hatte sich bis nach Italien noch nicht rumgesprochen.

Überhaupt stehen die Italiener mit Banküberweisungen auf Kriegsfuß. Eine Überweisung kostet drei Euro fünfzig, erfordert das Ausfüllen mehrerer höchst komplizierter Formulare in DIN-A4-Format und dauert nicht unter einer halben Stunde.

Zur Bank zu gehen ist ja fast wie eine *multa*, wie Strafe zahlen, und nur die Leute, denen es aufs Geld nicht ankommt, leisten sich das.

Also rennt der Italiener wegen jeder Kleinigkeit zur Post, um allen möglichen Kram, der anfällt, zu überweisen: Zweimal im Jahr die Grundsteuer, die Autoversicherung, die Kraftfahrzeugsteuer, die Gebäudeversicherung, die Haftpflicht, die Müllabfuhr, den ACI (den italienischen ADAC), die unzähligen Strafen, die man ständig für irgendwelche Nichtigkeiten zahlen muss, die Fernsehgebühren und und und.

In Deutschland wird am Anfang des Monats per Dauerauftrag alles Mögliche automatisch abgebucht, und alles ist erledigt – in Italien nicht. Da ist man nur unterwegs, schlägt sich die Tage und Wochen um die Ohren und bezahlt irgendwo irgendwas. Und verpasst dabei sein Leben.

Und so müssen auch die Rentner zur Post tapern, um sich ihr Geld abzuholen. Dies wurde mal eingeführt, damit man sah, wer noch lebte, aber auch das funktioniert nicht. Denn längst holen die Kinder und Enkel die Rente der Eltern oder Großeltern, und kein Mensch weiß, ob diese vielleicht schon seit Monaten tot sind oder nicht.

Nach zweieinhalb Stunden hatte ich nur noch einen alten Mann vor mir, der von seiner Rente gleich noch etwas auf sein Sparbuch einzahlte, was die Aktion um eine Viertelstunde verlängerte.

Aber ich war dem Ziel schon ganz nah!

Ich trat an den Schalter, empfand tiefes Glück und unglaubliche Zufriedenheit, es endlich geschafft zu haben, und legte meinen Brief auf den Tresen.

In diesem Moment sah ich, dass die Tante am Schalter, die sonst in jeder Lebenslage die Ruhe weg hatte, wie eine Wilde auf der Tastatur herumhackte, bis sie schließlich sagte: »*bloccato.*«

Der Computer war abgestürzt oder was weiß ich, nichts ging mehr.

Und dann kam der Hammer.

Die Gute erhob sich, nahm ihre Handtasche und verkündete das Ende der Veranstaltung, sie gehe jetzt Kaffee trinken, schließlich wisse niemand, wann der Computer wieder arbeiten würde.

Damit war sie weg.

Ich war fassungslos und stand da wie erstarrt. Hätte der Computer seinen Geist nicht nach mir aufgeben können?

Aber auch dies schien die Italiener in der Post, die nach mir drangekommen wären, nicht im Mindesten aufzuregen. Sie führten in aller Ruhe ihre Gespräche zu Ende, ab und zu hörte ich mal ein *impossibile* (unmöglich) oder *incredibile* (unglaublich) in Richtung des verwaisten Schalters, aber schließlich trollten sich alle friedlich, und ich stand in der leeren Post da wie doof.

Es war jetzt halb eins. Der Vormittag war gelaufen. Wenn ich Glück hatte, war die Apotheke noch offen, und ich konnte noch schnell etwas besorgen.

Aber eine halbe Woche hatte ich nun schon damit verbracht, ein Einschreiben wegzuschicken, und es war mir nicht gelungen.

Morgen ist auch noch ein Tag, dachte ich, aber mir war zum Heulen zumute.

Am Donnerstag wollte ich es ganz schlau anstellen. Die Post war bis halb zwei geöffnet. Wenn ich um Viertel nach eins kam, konnte ja nun wirklich nicht mehr so viel los sein, es sei denn, es war so ein Andrang wie am ersten Tag, und die Schaltertante musste jede Menge Überstunden schieben.

Einen Versuch war es jedenfalls wert.

Aber es war, wie es immer mit mir ist: Ich bin nicht nur superpünktlich, sondern eher zu früh.

Also betrat ich die Post um zehn vor eins.

Am Schalter saß diesmal nicht die langweilige Tante, sondern ein noch langweiligerer Onkel, der immer krebsrot war, jede Menge Gel in den Haaren hatte und dadurch aussah, als käme er gerade aus der viel zu heißen Dusche.

Der Frischgeduschte saß allein am Schalter und säuberte sich die Fingernägel.

Ich konnte es nicht glauben. Was war denn hier los? Niemand da? Waren alle tot? War in Castellino die Neutronenbombe explodiert?

Zaghaft und ungläubig legte ich den verfluchten Brief auf den Tresen und füllte schnell, bevor noch irgendetwas passierte, das erforderliche Formular aus. Formulare werden übrigens von den Postangestellten gehütet wie ein Goldschatz. Sie rücken sie erst raus, wenn man am Schalter steht. Das heißt, sie gehen wichtig durch den ganzen Raum, öffnen einen riesigen Schrank, wühlen endlos darin herum und finden dann schließlich ein so geheimes Formular, mit dem man ein Einschreiben mit Rückantwort abschicken kann.

Es wäre ja schrecklich, wenn das jemand schon vorher ausfüllen würde, um ein bisschen Zeit zu sparen.

Der Frischgeduschte machte mit meinem Brief allen möglichen Zirkus, klebte und schmierte und stempelte und schrieb und was weiß ich, und währenddessen öffnete sich pausenlos die Tür, und eine Person nach der anderen kam in die Post. Innerhalb von fünf Minuten war die Bude voll!

Porca miseria, was hatte ich für ein Glück gehabt! Die hatten sich sicher alle überlegt, dass es Viertel nach eins eigentlich leer sein musste, und jetzt sammelten sich hier im Schalterraum die Heerscharen. Da musste der Frischgeduschte, der seinen Feierabend flöten gehen sah, ja den absoluten Hass kriegen.

Mein Einschreiben war endlich auf dem Weg, aber ich hatte immerhin eins gelernt: Zehn Minuten vor eins, das ist die geheime Zeit, zu der man in einer italienischen Post was erledigen kann.

Na also, geht doch!

An einem Samstagmorgen war ich bereits um acht Uhr früh in der Post, weil ich einen ganz wichtigen Eilbrief aufgeben wollte, der so schnell wie irgend möglich in Deutschland sein musste.

»Bitte geben Sie diesen Brief als Eilbrief auf!«, sagte ich zu der Schaltertante, die mich immer wie Luft behandelt hatte, mich jetzt aber, seit sie meine in Italien erschienenen Thriller gelesen hatte, anstrahlte wie ein Honigkuchenpferd.

»Gut«, sagte sie, »das kostet neununddreißig Euro fünfzig.«

»Wie?«, fragte ich fassungslos, »für das Geld kann ich ja nach Berlin fliegen und den Brief selber abgeben!«

»Tja«, sie machte ein bedauerndes Gesicht, »daran kann ich nichts ändern.«

»Wann ist der Brief denn dann da?«

»Mittwoch oder Donnerstag.«

Das durfte ja wohl nicht wahr sein!

»Und wann ist er da, wenn ich ihn jetzt ganz normal für fünfundsiebzig Cent aufgebe?«

»Mittwoch oder Donnerstag«, sagte sie.

Das ist Italien.

Der *postino*

Da wir dort wohnten, wo sich Fuchs und Hase Gute Nacht sagen, besuchte uns niemand gern. Die Handwerker nicht, und der Postbote, der sich jeden Tag auf den Weg machen musste, schon gar nicht.

Also hatten wir Mitleid und sagten in der Post: »Okay, liebe Freunde, damit der *postino* (Briefträger) oder die *postina* nicht jeden Tag über die unzumutbare Straße rumpeln müssen, sind wir damit einverstanden, unsere Post im Postamt von Castellino abzuholen. Kein Problem. Wir fahren sowieso zweimal in der Woche ins Dorf.«

Jahrelang ging alles gut. Wenn man mal davon absah, dass in unserem Fach ständig Briefe für andere Leute lagen, da alle deutschen Namen erst einmal uns zugeordnet wurden.

Der Irrsinn begann mit der Postreform in Castellino. Neuer Chef, neues Glück – alles anders.

Man verkündete uns, dass wir von nun an für das Fach im Postamt bezahlen müssten.

»Wie bitte?«, fragten wir. »Was soll das denn? Wir tun der Post den Gefallen und holen unsere Briefe ab, damit ihr nicht jeden Tag eine Stunde durch die Pampa schaukeln müsst, und nun sollen wir für dieses Entgegenkommen auch noch bezahlen?«

»Ja«, sagte der Ignorante am Schalter. »So ist das nun mal.« »So ist das gar nicht«, entgegneten wir. »Die Post ist nämlich gesetzlich verpflichtet, uns unsere Briefe bis zum Haus zuzustellen, und das hätten wir jetzt gern.«

»Haben Sie denn einen Briefkasten am Tor?«

»Sicher doch«, meinten wir. »Vielen herzlichen Dank, wir freuen uns sehr. Ab morgen kommt die Post direkt zu uns auf den Berg. *Arrivederci.*«

Wir kauften noch am selben Nachmittag einen Briefkasten, schrieben dick und fett unsere Namen darauf, und Klaus schraubte ihn ans Tor.

Na, da waren wir doch mal gespannt.

Oh Wunder! Es funktionierte. Die Post kam, und wir hatten jeden Tag irgendwelche zerknüllten Briefe im Briefkasten. Zuständig für uns war eine *postina,* eine magere Dreißigjährige, die jeden Tag verhungerter aussah und immer dunklere Augenringe bekam. Sie donnerte durch die Gegend, als wollte sie auf dem Weg zu uns ihren kleinen Post-Fiat verschrotten. Und das schaffte sie auch. Nach einem halben Jahr war Schluss, das Auto hatte entweder seinen Geist aufgegeben, oder sie hatte es zu Bruch gefahren.

Ich habe in den Jahren in Italien auf der kurvigen Straße hinauf in unser Nachbardorf drei Postautos im Graben erlebt. Alles Totalschäden. Die *postini* fahren wie die Henker. Zeit ist Geld, denn je eher sie Feierabend haben, umso eher können sie einer lukrativeren Nebenbeschäftigung nachgehen.

Wenn man ein Postauto sieht, sollte man also unbedingt in Deckung gehen, irgendwo anhalten, sich totstellen und abwarten, bis es vorbei ist, denn die Briefzusteller semmeln alles um, was ihnen in die Quere kommt.

147

Nun holten wir also unsere Post wieder in Castellino ab, dankenswerterweise kostenlos, und waren ganz zufrieden.

Bis dann die verhungerte *postina* bei uns erschien und verkündete, dass im Nachbarort kostenlose Sammelpostkästen für die Einzellagen aufgestellt werden würden. Ob wir damit einverstanden wären, unsere Post dort abzuholen.

Natürlich waren wir damit einverstanden. Wir würden die Hälfte des Weges sparen, und in den Ort, der bequem mit einer Asphaltstraße zu erreichen war, musste die *postina* sowieso fahren.

Wunderbar.

Die *postina* kam noch dreimal und brachte irgendwelche Zettel und Zeichnungen von den geplanten Kästen – wir unterschrieben alles.

Und dann war erst einmal Ruhe. In Italien passiert grundsätzlich nichts sofort, auch nicht morgen. Übermorgen vielleicht. Oder gar nicht.

Wir gingen davon aus, dass die Kästen niemals aufgestellt würden, aber anderthalb Jahre später standen sie plötzlich da. Auf einem leeren Parkplatz, den die Gemeinde gebaut hatte, auf dem aber noch nie ein Auto geparkt hatte.

Es waren insgesamt sechs Kästen für sechs einsame Häuser. Bereits drei Monate später bekamen wir einen Schlüssel für unseren nagelneuen Kasten. Schade war nur, dass der Schlüssel nicht funktionierte, sondern so klemmte, dass man ihn zwar ins Schloss, aber nicht wieder herausbekam. Wir rechneten schon lange nicht mehr damit, dass alles auf Anhieb klappte, und da wir wussten, dass wir nie einen neuen Schlüssel bekommen und das Schloss niemals repariert werden würde, mussten wir uns selber helfen. Nach einer Weile fanden wir auch ein System, das bis zuletzt funktionierte: Schloss festhalten, mit der andern Hand voller Wucht gegen den Kasten schlagen und blitzschnell den Schlüssel rausziehen. *Tutto bene!*

Und nun hatten wir auch nicht mehr die mitleiderregende *postina*, sondern einen freundlichen *postino*, der so viel Gel in den Haaren hatte, dass er einen ganzen Ballsaal damit hätte polieren können.

Er schrieb unsere Namen (natürlich falsch) in ein kleines Fenster und erklärte uns das System. Es gab ein weiteres kleines rundes Fenster, vor das man von innen Farben schieben konnte. Rot hieß: Der Briefkasten ist leer, Grün bedeutete, da ist was drin, und Gelb war das Zeichen für den *postino*, dass wir einen Brief hineingelegt hatten, der bitte weggeschickt werden sollte.

Es lief bestens. Wir fanden den Gegelten reizend und waren zufrieden.

Aber irgendwann bekamen wir keine Post mehr. Nicht nur einen, zwei oder drei Tage, sondern zwei Wochen lang. Nichts mehr. *Niente.*

Jeden Tag fuhren wir runter ins Dorf – die Postkästen waren alle auf rot. Das konnte doch nicht wahr sein! Wir wussten von mehreren Briefen, die an uns abgeschickt waren, Eselsimpfstoff war unterwegs, und pro Woche bekamen wir mindestens drei Briefe von unserer deutschen Bank.

Nach zwei Wochen reichte es mir. Entweder war der Gegelte tot und noch niemand hatte es gemerkt, oder irgendetwas war faul.

Tausendsassa Chiara gab mir die Telefonnummer einer Beschwerdestelle in Montevarchi, die nur für die *postini* zuständig war.

Freitagnachmittag um 17 Uhr rief ich dort an und klagte mein Leid.

»Signora«, sagte die gelangweilte Sachbearbeiterin, »für Ihren Bereich ist unser zuverlässigster und fleißigster Zusteller zuständig, das kann alles überhaupt nicht sein.«

Der Spruch »unser zuverlässigster Zusteller« klingelte mir noch von Deutschland her in den Ohren, wenn man sich beschwerte, dass immer nur diese hässlichen Benachrichtigungskarten in den Briefkasten geworfen wurden, obwohl man zu Hause war und händeringend auf das Päckchen oder Paket wartete.

Diese Leier war also überall dieselbe.

Ich erzählte ihr, welche Unmengen von Post an mich unterwegs waren, und sie wiederholte das Märchen vom zuverlässigen Zusteller, bis sie auf einmal sagte: »Ach, da kommt er gerade zur Tür herein. Sie können selbst mit ihm sprechen.«

»Fulvio«, sagte ich, »was ist los? Wieso bekommen wir seit zwei Wochen keine Post? Ich erwarte einen Haufen Briefe.«

»Ich fahre jeden Tag nach oben«, sagte der Gegelte ungerührt, »aber wenn für euch keine Briefe gekommen sind, dann kann ich keine ins Fach legen. *Scusate.*«

Ich platzte fast, konnte aber nichts machen, verabschiedete mich freundlich und legte auf.

Und erzählte es Klaus.

Bei ihm gärte das Ganze erst einmal zehn Minuten, dann sagte er: »Ruf noch mal an und sag, dass du jetzt eine Anzeige bei den *carabinieri* machst. Denn die Post ist ja offensichtlich geklaut worden.«

Ich rief wieder an.

Niemand hob ab.

Natürlich nicht. Meine Nummer kannten sie jetzt. Die

kam in den Ordner »Verhasst und schwierig« und wurde nicht mehr entgegengenommen.

Also wählte ich mit Klaus' Handy, und die reizende Gelangweilte von der Beschwerdestelle war sofort am Apparat.

Wie ich dieses Spielchen hasste! In Italien brauchte man mindestens fünf Handys, damit man nicht ausgebremst werden konnte.

Die gelangweilte Beschwerdesignora war wenig erfreut, mich schon wieder an der Strippe zu haben. Ich sagte ihr, dass ich jetzt eine Anzeige bei den *carabinieri* machen würde, da meine Post offensichtlich geklaut worden war.

Jetzt regte sie sich sogar auf. Mit dem Wort »*carabinieri*« konnte man jeden Italiener aus der Reserve locken.

»Das ist unser zuverlässigster Zusteller!«, schrie sie, und wahrscheinlich kraulte er ihr gerade den Rücken, »der stiehlt nicht! Niemals! Wie können Sie ihm so etwas unterstellen?«

»Ich unterstelle gar nichts«, sagte ich jetzt ganz ruhig und gelassen. »Ich glaube ja auch, dass es Ihr zuverlässigster Zusteller ist. Und gerade darum gehe ich davon aus, dass die Post gestohlen worden ist, *bevor* sie Ihren zuverlässigen Zusteller erreichte. Irgendwo auf dem Weg nach Castellino. Und das ist ein Fall für die *carabinieri*.«

Sie schnaufte, während sie überlegte. Dann sagte sie: »Damit werden Sie keinen Erfolg haben. Wenn es keine Einschreibebriefe waren, können Sie sowieso nichts zurückverfolgen. Und die meisten werden wohl schon in Deutschland verloren gegangen sein. Das werden Sie nie herausfinden. Aber Sie können natürlich auch ins *ufficio* Soundso gehen und sich beschweren oder bei der *numero verde* unter der Nummer bla bla bla anrufen, eventuell können die Ihnen weiterhelfen. Machen Sie das Ganze schriftlich, vielleicht hilft es was.«

»Herzlichen Dank für den Tipp«, meinte ich trocken. »Wenn ich Sie richtig verstehe, werde ich auf bürokratischem Weg die nächsten fünfundzwanzig Jahre beschäftigt sein, werde nichts erreichen, meine Post nie wiedersehen, aber für diese ganze Aktion einen *sacco di soldi* – einen Sack voller Geld – bezahlen.«

»So ungefähr«, meinte sie, und ich glaubte, sie grinste.

»*Tante grazie*«, schmetterte ich ins Telefon und drückte sie weg.

Es hatte doch alles keinen Zweck. Man war einfach machtlos.

Ich hatte so eine dumpfe Ahnung und fuhr am nächsten Morgen gegen elf (es war ein Samstag, an dem sich normalerweise nie ein *postino* in den Ort verirrte) zu unserem wunderbaren Kasten. Und siehe da: Er leuchtete grün.

Ich öffnete ihn, und es traf mich fast der Schlag: Er war randvoll gestopft mit Briefen, platzte fast aus allen Nähten, selbst der Eselsimpfstoff, der natürlich bei den sommerlichen Temperaturen längst verdorben war, war dabei.

Post von zwei Wochen.

Da musste doch wohl gestern Abend noch gegen 19 Uhr ein Lastwagen in Montevarchi bei der Beschwerdestelle vorbeigekommen sein und dem zuverlässigen *postino*, unserem Gegelten, der zufällig da war, unsere ganze Post in den Schoß geschüttet haben.

Italien ist eben das Land der Wunder und Überraschungen …

Übrigens geht postalisch zwischen dem 15. Dezember und dem 15. Januar eines jeden Jahres in Italien nichts mehr.

Man bekommt nichts. Keine Weihnachtskarten, keine Bankbriefe, keine Päckchen – *niente*.

In der Zeit, in der so viel los ist, nimmt der altbewährte und zuverlässige *postino* natürlich Urlaub. Und der Vertreter, der weder die Kunden noch die Einzellagen kennt, fährt gar nicht erst los. Logisch.

Und wenn der zuverlässige *postino* wiederkommt, ist er von der Flut der Karten, Briefe und Päckchen überwältigt. Er kann beim besten Willen nicht den Wust von vier Wochen austragen, in denen jeder jedem irgendwas geschickt hat, und dann landet eine Menge davon auf dem Müll.

Tja, liebe Freunde, Bekannte und Kollegen. Falls ich mich irgendwann in den letzten Jahren einmal für eine Weihnachtskarte, einen lieben Brief oder ein Päckchen nicht bedankt haben sollte, dann liegt das nicht daran, dass ich unhöflich oder zu faul bin, eine Dankesmail zu schreiben. Es liegt einfach daran, dass ich nichts bekommen habe. Nichts.

Und besonders leid tut es mir um die Weihnachtsgans von Rina und Werner …

Mangiare

Wer glaubt, dass für den Italiener an sich »amore« an erster Stelle steht, weil die italienischen Sänger unaufhörlich ins Radio weinen und von Liebe und unerfüllter Sehnsucht singen, der irrt.

Es spielt nicht die Liebe die erste Geige, sondern das Essen. *Mangiare.*

Der Italiener ist davon überzeugt, dass nur ein Italiener das Essen erfunden haben kann. Wahrscheinlich eine italienische Mama, die noch niemals in ein Kochbuch gesehen hatte, schwitzend am Herd stand und die größten Köstlichkeiten dieser Welt zauberte.

Das denkt der Italiener, und das denken wir manchmal auch.

Weil wir überall in Deutschland unseren Italiener an der Ecke kennen und lieben, der Luigi, Gianni oder Roberto heißt, uns auch beim Namen kennt, uns immer, wenn wir kommen, überschwänglich begrüßt, immer unsere Lieblingsecke im Lokal für uns frei hat (wodurch wir uns irgendwie wichtig und geachtet fühlen), der uns unseren Lieblingswein schon auf den Tisch stellt, bevor wir die Jacke ausgezogen und einmal tief durchgeatmet haben und uns nur pro forma die Speisekarte hinlegt, die wir natürlich in- und auswendig kennen.

Bei Luigi sind die Preise moderat, die Portionen riesig, die Rezepte raffiniert und der Geschmack fantastisch.

Bei Luigi in Berlin, Wanne-Eickel oder Stuttgart ist man niemals enttäuscht.

Die italienischen Restaurants in Deutschland – ob es nun die einfachen mit bodenständiger Küche oder die teuren, experimentierfreudigen sind – sind top. Eins A.

Ich gehe in Deutschland am liebsten italienisch essen, denn so eine gute Küche finde ich in ganz Italien nicht.

Weil die guten italienischen Köche alle nach Deutschland ausgewandert sind.

Es ist traurig und klingt kurios – aber es ist wahr.

So eine gute Pizza wie in Deutschland bekommt man in Italien nirgendwo.

In Deutschland blüht die italienische Küche in ihren schillerndsten Farben, und darum glauben wir alle, im Schlemmerland Nummer eins zu sein, wenn wir nach Italien kommen. Ganz gleich, in welche Trattoria, Osteria oder in welches Ristorante wir auch gehen – es ist bestimmt ein Traum: Aber leider ist das Gegenteil der Fall.

Nicht, dass wir uns falsch verstehen: Ich rede hier nicht von Mailand oder Rom, auch nicht von Sizilien oder Kalabrien (da kenne ich mich nicht aus), sondern von der Toskana. Eine herrliche Gegend, in der die zahlreichen Touristen gern essen gehen und einen gelungenen, sonnigen Ferientag am liebsten mit einem Restaurantbesuch abschließen oder sogar krönen.

Die typisch toskanische Küche ist großartig. Kann großartig sein. Wenn ich durch toskanische Kochbücher blättere, quellen mir die Augen über. Da gibt es zum Beispiel *ginestrata*

(Eiercremesuppe), *involtini di melanzane* (Auberginenröllchen), *malfatti* (Spinat-Käse-Nocken), *frittata con le zucchine, al formaggio, ai funghi, in zoccoli* (Zucchini-, Käse-, Pilz- oder Speckomelett), *finocchio al forno* (überbackener Fenchel), *cavolfiore fritto* (frittierter Blumenkohl), *acquacotta* (Pilzsuppe), *zucchine ripiene* (gefüllte Zucchini), *ossobuco* (geschmorte Kalbshaxe), *polenta pasticciata* (Polenta-Auflauf), *pollo alla diavola* (mariniertes Teufelshähnchen) und und und. Lauter typisch toskanische Gerichte, die ich für mein Leben gern einmal bestellt hätte (und es gibt noch unzählige mehr), die ich aber in vierzehn Jahren nie auf einer Karte entdeckt habe.

Die toskanische Restaurantküche ist schlicht und alles andere als raffiniert. Sie erschöpft sich in *crostini* oder *bruschetta* (geröstetes Weißbrot mit unterschiedlichen Aufstrichen oder Tomatenkonkassee), *caprese* (Mozzarella mit Tomate) oder *antipasti toscana* (Aufschnittplatte mit Wurst und Schinken) als Vorspeise, einigen Nudelvarianten als *primo piatto* und dann gegrilltem oder gebratenem Fleisch ohne jede Soße. Über das Fleisch wird Öl, Zitrone, Pfeffer und Salz gegeben. Insofern schmecken die *secondi piatti* überall gleich. Ob man nun in Siena auf der Piazza del Campo oder in der winzigen Trattoria eines verschlafenen Bergdorfes sitzt. Die Grundzüge der toskanischen Küche, die man immer und überall und wirklich in jeder noch so kleinen oder größeren Osteria oder Trattoria, aber auch in eleganten Restaurants findet, sind immer gleich und irgendwann unendlich langweilig.

Lassen Sie einmal in Gedanken die Speisekarte und die vielen Varianten der italienischen Gerichte in Deutschland Revue passieren. Ein Traum! Aber in der Toskana gibt es das alles nicht.

Oder vielleicht doch? Tue ich jetzt irgendeinem Restaurant Unrecht? *Scusate,* aber dann hab ich euch noch nicht gefunden.

Und dann das italienische *pane* – das Brot. Neben Öl und Wein für die Italiener das Wichtigste überhaupt. Die italienische Heilige Kuh. Leidenschaftlich geliebt, heiß begehrt und hoch gepriesen. Jedenfalls von Italienern.

Italienisches Brot ist weiß, salz-, gewürz- und geschmacklos und meist nach nur wenigen Stunden, spätestens aber nach einem Tag steinhart. Daher beliefert der Bäckerwagen jedes noch so winzige Nest jeden Tag mit frischem Brot. Die übrig gebliebenen, harten, trockenen Brotreste werden an Tiere verfüttert oder gesammelt, um dann später in aufgeweichter Form zu einer *ribollita* (warme Brotsuppe mit schwarzem Kohl) oder einer *panzanella* (kalter Brotsalat mit Tomaten, Thunfisch, Sellerie und Zwiebeln) verarbeitet zu werden.

Nicht täglich frisches Brot zu bekommen, würde in Italien augenblicklich eine Revolution auslösen.

Ich habe dieses Phänomen nie verstanden, denn für mich gibt es in Italien nur eine einzige Brotsorte: trockenes Weißbrot. Dennoch gehen einem im Supermarkt oder beim Bäcker die Augen über, wenn man die vielen Brotsorten sieht. Da gibt es: *pane cotto a legna, bozzo pratese, pane panaccio, stinco cotto a legna, bozza cotto a legna, pane toscano, stinco toscano, ciabatta, pane siciliano, filone di grand duro, filoncino, pane panda, baguettino, pane speciale, pane bolognese, pane pugliese, pane comune, guancialino, pane di segale, tartaruga, rosetta* und noch viel mehr.

Diese Brotsorten mit ihren klingenden Namen unterscheiden sich nur durch Größe und Form. Sie sind rund oder länglich, flach oder hoch, dick oder dünn, schmecken aber alle ziemlich gleich und beinah nach nichts.

Allerdings passen sie gut zum herzhaften *prosciutto*, dem Schinken, zu den vier oder fünf Salamisorten, die es in Italien gibt, und zu der mitunter wagenradgroßen *mortadella*.

Würde man diese Wurstsorten mit deutschem Brot essen, hätte man wahrscheinlich das Gefühl, in ein Salzfass gefallen zu sein. Insofern hat das geschmacklose Brot seine Berechtigung, aber da würde auch eine Brotsorte reichen.

Die absolute Brothysterie spielt sich im November nach der Olivenernte ab, wenn das neue Öl noch dick, trüb und nussig-intensiv schmeckt. Dann wird die *bruschetta* gefeiert und zelebriert wie ein sechsgängiges Ostermenü. Es handelt sich um geröstete, dünne Weißbrotscheiben, die mit rohem Knoblauch eingerieben und mit Salz bestreut werden, und dann wird reichlich erntefrisches Öl darübergegossen.

Ich muss gestehen, das schmeckt wirklich köstlich, und Italien ist zwei bis drei Wochen im *bruschetta*-Rausch.

Auch ein italienischer Supermarkt ist ganz anders bestückt als ein deutscher. Alle frischen Waren wie Gemüse, Obst, Fisch, Fleisch, Wurst oder Käse findet man reichlich, aber es gibt kaum Fertiggerichte oder Konservendosen, die wenigen in Öl oder Essig eingelegten Bohnen, Pilze oder Artischocken schmecken wie »Knüppel auf dem Kopf«. Für diese eingelegten »kleinen Schweinereien« interessieren sich Italiener nicht.

Das ist eigentlich sehr angenehm und wunderbar, aber dafür sind x Gänge im Supermarkt mit Kekstüten vollgestopft. Unglaubliche Mengen der unterschiedlichsten Kekssorten. Ich weiß nicht, wann die Italiener diese Keksberge essen, vielleicht zum Frühstück, aber klar ist mir dagegen, dass die Italiener ein Volk von Süßmäulern sind. Dazu Kohlenhydrate in allen Variationen, vom Brot über die täglichen Nudeln bis hin zu den Keksen. Und dann Zucker, Kuchen und Süßspeisen in jeder Form. So umfangreich wie die Fisch- und Fleischabteilung ist auch die Süßwarentheke mit Törtchen, Keksen, Kuchen und Leckereien aller Art, liebevoll dekoriert mit grellbunten Marzipanröschen und dick mit Zucker glasiert. Wo man hinsieht, springen einem Tausende Kalorien in die Augen, und jedes Törtchen kostet ein Heidengeld! Für ein Törtchen, das zwei Personen leicht als Nachspeise oder zum Kaffee verdrücken, ist man schnell zehn bis zwölf Euro los.

So bringen Italiener auch, wenn man sie zum Essen einlädt, keine Flasche Wein mit (wie wir das häufig in Deutschland tun), sondern unaufgefordert und völlig selbstverständlich das für sie ganz wichtige *dolce,* die Nachspeise. Sie schleppen in riesigen Auflaufformen *tiramisu* oder *zuppa inglese,* große Cremetorten, Kuchenbleche mit *mascarpone-*Schokoladen-Käsekuchen oder was weiß ich durch die Gegend und dazu halbe Wälder von pompösen Topfpflanzen als kleine Zugabe und Dekoration.

Bei unserem ersten Ferienhaus, der Wassermühle, gaben wir natürlich auch ein Einweihungsfest für Freunde und Bekannte, die uns bereits in der kurzen Zeit ans Herz gewachsen waren. Immerhin kamen dreißig Leute zusammen, für mehr hätten wir in unserer kleinen Mühle auch wirklich keinen Platz gehabt.

Wir überlegten lange, was wir kochen sollten. Und da wir uns – als frisch nach Italien Zugereiste – nicht anmaßen wollten, italienisch zu kochen, dachten wir, es wäre eine tolle Idee, deutsch zu kochen und den Italienern mal etwas ganz anderes als das Gewohnte zu bieten.

Und so kochten wir Gulasch mit Kartoffeln, Bouletten mit Bohnen und öffneten deutschen Weißwein, den wir mitgebracht hatten und den sicher noch nie ein Italiener probiert hatte.

Es wurde zum Desaster. Niemand rührte das unbekannte deutsche Essen an, und niemand probierte den deutschen Wein.

So ist das – wie ich jetzt weiß – immer. Sie wollen einfach nicht. Sie essen italienisch oder gar nicht. (Was der Bauer nicht kennt, frisst er nicht.)

Eine Ausnahme gibt es allerdings: das Münchner Oktoberfest! Sehnsuchtsziel Nummer eins für alle Italiener. Sie laufen auch hier in der Toskana mit T-Shirts herum, auf denen *O'zapft is* steht, obwohl sie die Aufschrift nicht verstehen und gar kein Bier mögen. Und dort essen sie Bratwurst (der Italiener sagt »Wurstel«, weil er kein »ü« sprechen und »Würstchen« nicht sagen kann) und Brezen, Hendl und Schweinshaxe – was sie normalerweise nicht anrühren würden. Einmal im Leben will jeder Italiener das Oktoberfest besucht haben, das ist für ihn wie eine Pilgerreise, eine Auszeichnung. Und hinterher wird stolz damit geprahlt, wie man sich ein blaues Auge geholt hat.

Du kannst in Italien nirgendwo griechisch, chinesisch, japanisch, französisch, indisch oder sonst etwas essen gehen (außer vielleicht in Rom), das gibt es einfach nicht. Ausländische Küche interessiert nicht und kann den Italienern gestohlen bleiben. Da fehlt jegliche Neugier. Sie wollen es nicht einmal probieren.

Aber als wir diese Ess-Verweigerung bei unserer Einweihungsfeier bemerkten, gerieten wir in Panik, versuchten, mit unseren Vorräten zu improvisieren, und kochten auf die Schnelle Spaghettiberge mit Tomatensoße, die wir bis ins Unendliche verlängerten.

Ich wusste auch, dass wir noch genug italienischen Wein im Haus hatten, den wir anbieten konnten.

Augenblicklich löste sich die Stimmung. Hoch die Tassen! Es wurde gegessen, gesungen und getanzt, und wir erlebten eine fantastische Nacht mit unseren neuen italienischen Freunden!

Es kommt noch eine Schwierigkeit hinzu: Fragt man einen Italiener »Wie ist denn das Essen in der und der Osteria oder in dem Restaurant?«, dann hört man grundsätzlich *»buono«, »tutto bene«, »benissimo«* oder Ähnliches.

Niemand wird jemals sagen: »Die Soße war zu dick, die Suppe zu kalt, das Fleisch zu zäh, der Salat zu salzig oder die Nudeln zu weich.«

Man beschwert sich nicht im Restaurant, und man redet einfach nicht schlecht über seinen Nachbarn oder Landsmann. Insbesondere vor Ausländern nicht. Und das macht es so schwer.

Eine wunderbare Einrichtung gibt es jedoch in den kleinen Orten und Dörfern. Da bietet fast jede Trattoria oder Osteria ein *menu fisso* an. Das bedeutet: Vorspeise, *primo piatto, secondo piatto* und kleine Nachspeise oder *café* plus Keks, dazu Wasser und Wein – alles zusammen für zehn Euro. Wunderbar. Nichts Besonderes, aber die Küche ist oft nicht schlechter als in einem eleganten Restaurant. Maurer, Landarbeiter, Hydrauliker, Elektriker, alle, die in der Umgebung zu tun haben, gehen dorthin, und wir kehrten ausgesprochen gern dort ein.

Zu jedem Mittagessen gibt es Wein. Jeder trinkt Wein. Auch die Dachdecker, die anschließend noch auf dem Dach herumturnen müssen. Die Italiener trinken zu jeder Tageszeit und bei allen Gelegenheiten Wein, aber sie können damit umgehen. Ich habe noch nie einen richtig unangenehm betrunkenen Italiener erlebt.

Wunderbar waren die alljährlichen Dorffeste in jedem noch so kleinen Ort, bei denen man sich traf und tagelang feierte. Aber man musste sich sattessen, bevor man ins Dorf ging. Das Essen, das man überall in Plastikgeschirr bekam, war meist ungenießbar.

Und was gibt es Schöneres und Stimmungsvolleres als die Feste zu *Ferragosto* (Maria Himmelfahrt am 15. August), dem wohl heißgeliebtesten Fest der Italiener.

Das ganze Dorf sitzt zu Ferragosto an langen Tischen zusammen, man redet, lacht und trinkt, eine kleine Band oder ein Alleinunterhalter spielt, und dann gibt es für einen Pauschalbetrag von dreißig oder vierzig Euro das gleiche Menü für alle.

Ich habe sie jedes Jahr dafür bewundert, wie sie es schafften, zweihundert oder dreihundert Personen zu bekochen und damit einige tausend Euro in die Dorfkasse zu spülen, mit denen irgendetwas Sinnvolles angeschafft wurde.

Zum Beispiel neue Tische und Bänke für das nächste Dorffest zu Ferragosto.

Die Frauen des Ortes waren für jede helfende Hand dankbar, und alle fühlten sich verpflichtet, irgendwie mitzumachen und zumindest einen kleinen Beitrag zu leisten.

So ging jede Frau am großen Topf mit der Spaghettisoße vorbei und schüttete Salz hinein.

Uns schwante Schreckliches.

Die ansonsten fast völlig salzlose Küche der Italiener – das gebratene Fleisch ist vollkommen ungewürzt, ebenso muss der Salat selbst angemacht werden –, die mir sehr entgegenkam, war hier völlig ins Gegenteil verkehrt. Alles war versalzen! Das Fleisch, die Soße, der Salat, alles! Und ich erwähne dies hier nur, weil es nicht nur einmal passierte …

Aber die Italiener aßen das völlig verwürzte und ungenießbare Festmahl mit stoischer Gelassenheit, lobten es pausenlos lautstark mit »buono« und »buonissimo«, und waren bereit, nach sechsundzwanzig Mal Salzen lieber den Heldentod zu sterben, als auch nur ein Wort der Kritik anzubringen.

Ein Italiener beschwert sich eben nie, der Deutsche schon. Oder zumindest *ich* bin so gestrickt.

An einem milden Vormittag im Mai fuhren wir nach Pienza, weil es dort ein Geschäft mit wunderbaren Skulpturen gab und wir ernsthaft überlegten, uns eine in den Garten zu stellen. Der Bildhauer wohnte etwas außerhalb des Ortes, und als wir alles angesehen hatten, sagte ich zu Klaus: »Komm, lass uns noch ein bisschen durch Pienza gehen, vielleicht können wir dort ja auch eine Kleinigkeit essen.«

Kurz vor der Piazza fanden wir eine Trattoria, die uns rein äußerlich gefiel, und wir gingen hinein.

Wir bestellten jeder ein Glas Wein, Klaus eine *ribollita* und eine *lasagne* und ich eine Tomatensuppe und eine gegrillte Hühnerbrust.

Den Wein, der dann kam, konnte ich im Glas kaum finden. Er war wie ein Rest, eine armselige Pfütze im pompösen Schwenker. Ich war schon genervt, aber sagte weiter nichts. Benetzte mir die Lippen, woraufhin das Glas fast leer war.

»Vergiss es«, sagte Klaus, der genau wusste, was mich ärgerte, »mach dir wegen so einem Scheiß nicht den ganzen schönen Tag kaputt. In Pienza wird man halt als Tourist erkannt und abgezockt wie in Montalcino, Montepulciano, Siena oder Florenz.«

Dann kam der erste Gang. Klaus probierte seine *ribollita* und verzog sofort angewidert das Gesicht.

»Booocccchh«, sagte er voller Ekel, »die ist sauer. Total verdorben.«

Ich probierte meine Tomatensuppe, aber auch diese schmeckte sauer.

Wir aßen nicht weiter, sondern riefen die Bedienung und schilderten unsere Beschwerden.

Der Kellner nahm kommentarlos die Teller mit.

Zehn Minuten lang passierte gar nichts.

Und dann geschah es: Der Koch himself erschien. Zerknirscht und entsetzt. Erzählte und erklärte uns stundenlang, dass er nachgeforscht und erfahren habe, dass ein *ragazzo* die *ribollita* in der Sonne habe stehen lassen, anstatt sie in den Kühlschrank zu stellen, es sei ein unverzeihliches Vergehen, und auch die Tomatensuppe sei zu alt und nicht mehr gut, und das alles sei ihm so ungeheuer peinlich und unangenehm und was nicht alles.

Er redete zehn Minuten, und wir konnten es kaum aushalten.

Klaus sagte in einer Atempause des Kochs: »Alles kein Problem. Wir gehen jetzt einfach, verzichten auf den nächsten Gang und fertig.«

Da bekam der Koch fast einen Weinkrampf. Niemals! Er würde dies alles wiedergutmachen, wir würden schon sehen, wie außergewöhnlich gut seine Küche sei.

Damit schwirrte er ab.

Wir sahen uns an.

»Ich will hier eigentlich nur noch weg«, sagte Klaus.

»Ich auch«, erwiderte ich, aber schon kam der Koch mit einer gewaltigen Platte mit Schinken, toskanischer Salami, geschnittenem Käse, Oliven und Artischockenherzen.

Wir waren fassungslos.

»Es tut mir so leid«, jammerte er, »aber der *ragazzo* hat die *ribollita* in der Sonne stehen lassen, das darf einfach nicht passieren!«

»Schon gut«, murmelte Klaus. »Ist ja schon gut.«

Der Koch entschuldigte sich noch einmal und ging zurück in die Küche.

»Das reicht als Vorspeise für zehn Leute«, stöhnte ich. »Wer zum Teufel soll das denn alles essen?«

»Da müssen wir jetzt durch«, meinte Klaus und fing an zu schaufeln. Er tat mir leid, da er fast alles allein essen musste, ich aß so gut wie keine Wurst und konnte ihn nur beim Käse ein wenig unterstützen.

Kaum hatten wir die Vorspeisenplatte verputzt, erschien wieder der Koch.

»Es tut mir so furchtbar leid«, sagte er, »dass der *ragazzo* die *ribollita* in der Sonne hat stehen lassen, ich bin untröstlich, ich weiß nicht, wie ich das je wiedergutmachen soll, aber ich bringe Ihnen jetzt *lasagne, petto di pollo con patate, e un buonissimo filetto con fagiolini!*«

Uns wurde schwarz vor Augen, aber der Koch ließ sich nicht stoppen, er war auch nicht dazu zu bewegen, es gut sein zu lassen, er tischte auf, dass uns Hören und Sehen verging.

Er entschuldigte sich, brachte neue Speisen, und es war, als ob er uns zur Strafe mästen wollte.

Ich esse generell sehr wenig, und ich wurde fast verrückt.

Klaus stopfte wie ein Irrer alles in sich hinein, um nicht unhöflich zu sein.

Der Koch brachte auch Wein. Klagte noch mal über den *ragazzo* und die *ribollita* in der Sonne, goss unsere Schwenker voll, bis ich glaubte, den Weg bis zu unserem Auto niemals mehr gehen zu können.

Er machte uns fertig.

Und entschuldigte sich zwanzig Mal bei jedem Gang, den er uns brachte und mit dem er uns mästete.

Wir waren fertig. Wir waren ihm ausgeliefert. Und wir waren im Stress.

Klaus hatte schon vor einiger Zeit seine Hose aufgemacht und bekam sie nicht mehr zu.

Lass uns hier raus, ohne dass wir noch mehr essen müssen, beteten wir nur stumm, und wir versprechen dir: Wir kommen nie wieder.

Was wir daraus lernten: Eine Beschwerde nützt in Italien gar nichts, denn es gibt nur drei Möglichkeiten: 1) Der Koch ist am Boden zerstört und mästet dich, bis du platzt. 2) Der Koch stürzt aus der Küche, tobt vor Wut und beschimpft dich so wüst, dass du stumm und fassungslos dasitzt wie ein Häufchen Elend und dich schämst, auch nur irgendeine Kritik geäußert zu haben. 3) Du kannst sagen, was du willst, niemand reagiert. Du bekommst die Rechnung in voller Höhe und noch nicht einmal einen Grappa zur Besänftigung. Also: Lass es. Bewahre den

Ärger lieber in deinem Herzen und geh da einfach nie wieder hin.

»Pia und Marco haben uns zum Essen eingeladen«, sagte Klaus, als er eines Mittags vom Markt zurückkam. »Wir haben uns vor dem Zeitungsladen getroffen, fünf Minuten unterhalten, und schon war es passiert.«

»Lieber Himmel«, stöhnte ich, »weißt du, was man bei Pia essen muss? Das ist schlimmer als bei dem durchgeknallten Koch in Pienza. Bei Pia kommst du unter fünfzehntausend Kalorien, gefühlte fünfundzwanzigtausend, beim Abendessen nicht davon.«

»Was sollte ich denn machen?«, fragte Klaus. »Geh du doch das nächste Mal auf den Markt, dann kannst du dir auf die Schnelle die blumigsten Ausreden einfallen lassen, ist mir recht, aber ich schaff das nicht. Außerdem hatte ich nicht meinen italienischen Tag.«

Das Problem ist, dass die Italiener die gastfreundlichsten Menschen unter der Sonne sind. Sie kennen dich fünf Minuten und laden dich zum Essen ein. Und das ist nicht nur so dahingesagt – nein, sie meinen es ernst. Und freuen sich wie die Schneekönige, wenn du wirklich kommst.

Wenn du nicht aufpasst, kannst du dich nach lockeren Gesprächen auf dem Markt, beim Bäcker, in der Post oder beim Arzt im Wartezimmer vor Essenseinladungen nicht retten, weil es den Italienern einfach Spaß macht, andere Menschen zu bewirten. Das heißt: Die Männer reden gerne auf der Piazza und sind schnell dabei, einzuladen, und die Frauen haben dann zu Hause die Kocherei an der Backe. Ob sie über Besuch genauso begeistert sind wie die Männer, sei dahingestellt.

Jedenfalls kann man auch nicht immer ablehnen, sich winden und Ausreden erfinden, warum man nicht kommen kann, und schon lernt man auf diese Weise jede Menge eingesessene Italiener und ihre Lebensgewohnheiten kennen und wird dick und rund.

Der Samstagabend war herrlich warm, aber ich nahm dennoch eine Jacke mit. Wer weiß, wie die beiden wohnten. Vielleicht musste man auch in dieser wunderbaren Sommernacht, wie in Italien üblich, in einem eisgekühlten Zimmer bei Neonlicht sitzen und frieren.

Wir waren acht Personen und saßen an einem langen Tisch vor dem Haus. Außer Pia und Marco kannten wir keinen. Um Sodbrennen zu vermeiden, warf sich Klaus in weiser Voraussicht schon mal eine Magentablette ein.

Marco schenkte als Aperitif eine Runde Prosecco ein, und wir machten Small Talk. Höflich fragte man uns, wo genau wir wohnten, und wir erklärten es.

»Ach, da oben!« Aus den Augen blitzte blankes Unverständnis, aber natürlich wagten sie nicht, noch ein »Ach Gott, ihr Armen, das ist ja fürchterlich«, hinzuzusetzen, sondern stattdessen sagten sie: »Wie aufregend! Das muss ja wunderschön sein! Und wie ist das Wetter da oben?« Das war die Scherzfrage, die immer kam und die wir schon kannten.

»Ganz anders als hier unten in Castellino. Heute Morgen lag bei uns Schnee.«

Allgemeine Heiterkeit.

»Aber kommt doch mal vorbei, wenn ihr einen Spaziergang macht!«

Die Italiener taten erfreut. »Ach ja, das wäre schön. Das tun wir gern mal.«

Wir wussten, dass sie nie kommen würden. Zum einen, weil der Italiener an sich nie spazieren geht. Er hasst Spaziergänge und bewegt sich in der Natur nur zum Jagen und Pilzesammeln. Außerdem hatten wir Hunde, vor denen sie sich zu Tode fürchteten (alle Italiener haben eine panische Angst vor Hunden). Und warum sollten sie sich ansehen, wie schrecklich die bekloppten Deutschen da oben wohnen: weit weg vom Schuss, einsam im Wald und noch nicht einmal eine Asphaltstraße vor der Tür, auf der man bis in die Küche fahren konnte.

Nein, das war nichts für Italiener, und insofern hörten sie ohne jeden Neid von unserem Haus und dankten dem Himmel, dass sie so nicht wohnen mussten.

Pia brachte die erste Vorspeise: »*bruschettini* mit Leberpastete und Eier-Petersilienschaum.« Oh nein, wir hatten nicht gesagt, dass wir keine Innereien essen. Keine Leber *(fegato)* und auch keine *cozze* (Muscheln) und *trippa* (Kuddeln). Das waren ganz besondere Köstlichkeiten und wurden besonders gern lieben Gästen vorgesetzt. Aber es sah so blöd aus, wenn man vorher anrief und eine ganze Liste mit den Dingen runterbetete, die man nicht aß.

Anschließend gab es einen gewaltigen »Pilz-Eier-Nudel-Auflauf«, der mir allein schon als Abendessen gereicht hätte. Wer sollte bloß die Berge essen, die da vor uns auf dem Tisch standen.

Zur Entspannung gab es als dritten Gang einen gemischten Salat.

Als kleines Schmankerl zwischendurch folgten nun *gamberetti* auf *risotto*, was Klaus ganz vorzüglich fand. Jedenfalls äußerte er es mehrmals, mit dem Erfolg, dass ihm gleich noch einmal eine anständige Portion aufgetan wurde.

Aber da war ein Licht am Ende des Tunnels, denn allmählich arbeiteten wir uns an den Hauptgang heran: Gemischte Fleischplatte mit Enten-, Hühner-, Schweine- und Rindfleisch, dazu gebackene Rosmarinkartoffeln.

Klaus hatte beschlossen, alles mit Wein runterzuspülen, und redete in seinem fürchterlichen und absolut grammatikfreien Holper-Italienisch ohne Punkt und Komma, und die anderen amüsierten sich köstlich. Ich fand es genial, dass er sogar in einer fast gänzlich fremden Sprache den Clown abgeben konnte.

Pia war in der Küche zugange. Die Küche ging direkt von der Terrasse ab, auf der wir unter Weinlaub saßen und wo sich die Mücken in Scharen tummelten. Sie bereitete die Nachspeise vor. Plötzlich ein fürchterliches Scheppern und Klirren, und dann ein Schrei von Pia.

Zwei fleißige Tantchen, die sich mit ihren greisen Gatten auch irgendwo in den toskanischen Bergen versteckt hatten und jede Olive beim Namen kannten, rannten sofort zu Pia in die Küche, um zu helfen und zu trösten, ganz gleich, was passiert war.

Jetzt lag das ganze schöne *tiramisu*, die *zuppa inglese* oder irgendeine andere süße Kalorienbombe auf der Erde. Mir tat Pia zwar leid, aber ich dankte dem Himmel für diese glückliche Fügung!

Die drei Damen wischten und polierten und improvisierten fast eine halbe Stunde, und dann erschien Pia strahlend mit einer Schüssel voll Eis (sie hatte ihre Tiefkühltruhe geplündert), *cantuccini* (Mandelkeksen) und *vin santo* (dem »heiligen Wein«, der Sherry sehr ähnlich ist).

Und bei *cantucci* konnte ich nicht widerstehen, verflucht noch mal. Da wäre mir eine *zuppa inglese,* die in den meisten Fällen extrem klebrig und lebensbedrohlich süß war, fast lieber gewesen.

Aber irgendwann, wenn man genug Wein getrunken hatte, war einem das alles egal. Die zwanzigtausend Kalorien machten den Kohl auch nicht fett. Wenn die Italiener solche Abendessen locker wegsteckten, warum nicht auch mal die *tedeschi*?

Als ich anfing, meine Lieblingswitze ins Italienische zu übersetzen, blies Klaus, der auch noch die übliche »Kosten-wir-mal-alle-*grappe*«-Arie mitgemacht hatte, zum Aufbruch. Hinauf auf unseren Berg, in die andere Klimazone.

»Mach das nicht noch einmal, nimm nie wieder so eine Einladung an«, sagte ich im Auto zu ihm. »Sonst müssen wir im Sommer dreimal in der Woche irgendwo essen. Und diese Mast überleb ich nicht. Bitte, tu das so schnell nicht wieder!«

August – nichts geht mehr

Alle Italiener machen im August Urlaub. Und die meisten davon zwischen dem zehnten und zwanzigsten August – also über Ferragosto.

Für Fantasiebegabte ist es nicht schwer, sich vorzustellen, wie Italien im August aussieht.

Leergefegt.

Alle Geschäfte geschlossen.

An den Tankstellen – wenn überhaupt – nur Selbstbedienung.

Kein Nachschub im Supermarkt. Wenn Honig, Kaffee oder Essig aus sind, dann war es das eben. Sieh zu, dass du dir schon im Juni eine Vorratshaltung anlegst – im August ist alles zu spät.

Egal, was passiert: Wenn du kein Wasser, keinen Strom, kein Internet, kein Fernsehen, ein kaputtes Auto, ein verstopftes Klo oder sonst was hast – vergiss es. Finde dich damit ab, denn es wird kein Handwerker kommen.

Alle sind in Urlaub.

Wenn du plötzlich eingeladen wirst und dir einfällt, dass deine Haare zu lang, der Schnitt rausgewachsen und die Farbe verblasst ist, musst du da durch. Es ist August, und der Frisör hat geschlossen. Hundertprozentig.

Meine Mutter ist über achtzig, fit und unternehmungslustig und ihre Tage sind so vollgepfropft mit Terminen, dass man selbst als Fünfzigjährige mit einem Burn-out reagieren würde.

Also flötete sie mir eines Tages ins Telefon: »Ich komme! Ich will nach Italien fliegen! Und zwar dann, wenn es schön heiß ist, weil ich im Pool baden will. Buch mir mal einen Flug!«

Das war ja sensationell! Meine Mutter war sieben Jahre nicht mehr in Italien gewesen.

Also buchte ich einen Flug, und wenig später landete sie wahrhaftig in Pisa.

Nun war auch sie selbst stolz auf ihren Mut und ihren Unternehmungsgeist, und da sie nun natürlich der ganzen Welt verkünden wollte, dass sie in Italien war, kam sie auf die grandiose Idee, Ansichtskarten zu schreiben.

Sie kaufte sich also in Montalcino dreißig Stück, schrieb sie am Abend mit unendlicher Geduld in schöner Lehrerinnen-Schreibschrift, und sagte: »So. Jetzt brauche ich nur noch Briefmarken.«

Und so süß ich die Aktion bisher gefunden hatte – jetzt wurde mir schlecht. Du lieber Himmel! Das bedeutete ein paar Stunden Anstehen in der Post beim Frischgeduschten.

Wir fuhren zur Post, aber es war überhaupt nicht schlimm. Nur neun Leute vor mir – schlappe anderthalb Stunden. Für einen Italien-gestählten Menschen wie mich: lächerlich.

Wir unterhielten uns bestens, trafen ein paar Bekannte, und ich stellte ihnen meine Mutter vor. *Madonna!* Die Herren der Schöpfung erstarrten vor Ehrfurcht, verbeugten sich so tief, wie es ihre Statur zuließ, und die dazugehörenden Frauen redeten wie ein Maschinengewehr. Meine Mutter lächelte weise, nickte andauernd und verstand kein Wort. Und da Italiener mit ihrem Namen »Inge« nichts anfangen konnten, weil sie nicht wissen, ob das Männlein oder Weiblein ist, und irritiert guckten, meinte meine Mutter, sie hieße außerdem noch »Teresa«.

Das war ein genialer Schachzug, fand ich. Die Italiener fanden das wohl auch, denn noch heute – Jahre später – werde ich nach meiner Mutter gefragt. »*E tua mamma? Come sta? Tutto bene?*«

Irgendwann war ich endlich dran, und die Gespräche hörten auf.

»Ich brauche *francobolli*««, sagte ich. »Dreißig. Für diese Karten hier.«

»Hab ich nicht«, sagte der gelangweilte Frischgeduschte. »Wir haben im Moment gar keine Briefmarken. Nicht eine.«

»Wie?«, fragte ich. Ich verstand nur Bahnhof. »Aber ich bin doch hier in der Post und nicht beim Fleischer, oder?«

»Ja. Wir haben zurzeit eben keine Briefmarken.«

»Müssen doch nicht die passenden sein. Ich kann ja auch stoppeln.«

»Sie haben mich nicht verstanden, Signora. Wir haben zurzeit *gar* keine Briefmarken! Nicht eine einzige. Keine Zehner, keine Zwanziger, keine Fünfziger, *niente.* Erst wieder im September. Jetzt ist schließlich August. Versuchen Sie's doch mal in der Bar. Vielleicht haben die noch welche.«

Übrigens ist es den Schreibwarenläden, die die Ansichtskarten führen, per Gesetz verboten, auch gleich Briefmarken zu verkaufen. Dazu bräuchten sie eine gesonderte, teure Konzession. Das Zeitungs- oder Schreibwarengeschäft darf es also nicht, die Bar schon, allerdings nur, wenn sie gleichzeitig eine Lotto-Annahme-Stelle ist.

Natürlich gab es auch in der Bar keine Briefmarken, und meine Mutter nahm eine Woche später ihren Schwung Ansichtskarten wieder mit nach Deutschland. Musste sie sie eben dort abschicken.

Aber wo sind sie denn alle, die Italiener, die sonst Straßen, Plätze und Märkte bevölkern, die vor den Cafés sitzen, ihre Geschäfte bis spät am Abend offen halten, die Innenstädte mit ihren Autos verstopfen und in Heerscharen zu Konzerten und Open-Air-Opern-Aufführungen pilgern?

Sie sind alle am Meer.

Alle.

Sie fahren niemals in die Berge, sie fahren ans Meer.

Mit Kind und Kegel, mit Oma und Opa, mit Kühltasche, Buddeleimer und Plastikente.

Jeder zu dem Ort, den er in kürzester Zeit von zu Hause aus erreichen kann, und das kann in Italien ja niemals eine längere Fahrt als zwei Stunden bedeuten.

Ganz Italien sitzt am Strand unter Sonnenschirmen oder lässt sich braten. Ein Wunder, dass überhaupt noch jeder einen winzigen Flecken abbekommt, der Sand ist gar nicht mehr zu sehen.

In dieser Enge ist das Buddeln am Strand für Kinder unmöglich, daher spielen sie fast alle in der Brandung und in der prallen Sonne, und keins hat einen Hut auf dem Kopf. Oma und Opa stehen mit einem Eimerchen daneben und passen auf, Papa und Mama liegen auf gemieteten Liegestühlen. Papa raucht, und Mama liest in der Kaiserzeitung. Wenn es Zeit zum Mittagsimbiss ist, haben Kinder und Großeltern ähnliche Probleme wie der Pinguinnachwuchs: in den Massen die eigene Sippe wiederzufinden.

Was für ein Bild! Alle Italiener sitzen gleichzeitig am Wasser!
Was für ein Land!

Bei der *dottoressa*

Ob man in Italien zum Arzt geht oder lieber nicht, überlegt man sich ganz genau. Jedenfalls, wenn man auch noch etwas anderes zu tun hat und nicht hingeht, um sich mit der gesamten Dorfbevölkerung zu unterhalten.

In Italien gibt es auf dem Land nicht wie bei uns in Deutschland mehr oder minder zahlreich verteilte Land-, Haus- oder Allgemeinärzte, sondern einen *dottore* oder eine *dottoressa,* die für einen bestimmten Bereich oder einen Ort zuständig ist. Sie ist die Verantwortliche, die Ansprechpartnerin. Sie verschreibt Medikamente, versorgt Wunden, gibt Spritzen, impft, untersucht und überweist zum Facharzt oder ins Krankenhaus. Anschließend erklärt sie die Diagnose und die Medikation, die das Krankenhaus in einem Brief mitteilt, dem Patienten aber nicht erläutert.

Da ein italienischer Arzt grundsätzlich nicht davon ausgeht, dass irgendein Patient jemals den Beipackzettel eines Medikaments liest, schreibt er immer alles auf. Wann, wie oft, wie lange und wie viele Tabletten genommen werden müssen zum Beispiel.

Unsere *dottoressa* schrieb die dringendsten Informationen immer auf einen karierten Block in drei Zentimeter großen Druckbuchstaben. Das tat sie, weil die meisten auf dem Land nichts oder nur sehr wenig lesen können.

Nach einer Erhebung aus dem Jahre 2008 sind zwei Millionen Italiener vollständige Analphabeten, dreizehn Millionen können ihren Namen schreiben, aber kein Buch, keine Zeitung, keine Gebrauchsanweisung lesen, und fünfzehn Millionen sind sekundäre Analphabeten, das heißt, sie haben als Kind mal Lesen und Schreiben gelernt, es dann aber fröhlich wieder vergessen. Das sind dreißig von sechzig Millionen Italienern. Wir haben es also mit fünfzig Prozent Analphabeten zu tun – sicher seltener in den Großstädten wie Rom, Mailand oder Florenz. Aber auf dem Land dafür umso häufiger. Daher bezieht ein Großteil der Italiener seine Informationen ausschließlich aus dem Fernsehen, aus Berlusconis TV-Titten-Sendern. Und da gibt es noch Deutsche, die wissen wollen, wie es möglich war, dass dieser Mann in Italien immer wieder gewählt worden ist?

Verträge schließt man auf dem Land mit Handschlag, und der Landarbeiter vertraut darauf, dass sein Chef ihn nicht übers Ohr haut. Er nimmt den Lohn in Empfang, zählt nicht nach und rechnet nicht nach.

Als Klaus unserem Landarbeiter sagte: »Bitte, zähl nach, ob es auch stimmt!«, sagte er: »Ich vertrau dir, *capo.*«

Weil er nicht nachzählen und nicht nachrechnen *konnte,* was wir aber erst sehr viel später herausfanden.

Die Italiener finden sich in diesem Leben ohne Lesen, Rechnen und Schreiben so gut zurecht, dass man ihren Analphabetismus gar nicht bemerkt. Sie kaufen auf dem Markt oder im Supermarkt, wo am Gemüsestand Fotos der Früchte zum Abwiegen auf der Waage zu sehen sind, und die gesamte Bürokratie erledigen die Enkel. Wenn keine Enkel zur Hand sind, gehen sie einfach aufs Amt, schieben den Brief rüber und sagen: »Worum geht's da? Hilf mir mal.«

Es sind vor allem die Alten, die nicht lesen und schreiben können.

In Italien erledigt man gern alles persönlich. Internet, Online-Banking und automatische Überweisungen sind in diesem Land noch längst nicht überall angekommen.

Bei uns malte die *dottoressa* also auch große Buchstaben wie in der ersten Klasse, obwohl sie wusste, dass wir lesen und schreiben konnten. Es war ihr einfach in Fleisch und Blut übergegangen.

Dass man bei der *dottoressa* stundenlange Wartezeiten in Kauf nehmen musste, verstand sich von selbst.

Wenn sie vormittags von zehn bis eins Sprechstunde hatte, kam sie keinesfalls vor elf, denn die Gute fuhr seit morgens um acht übers Land und machte Hausbesuche.

Landärzte arbeiten sich in Italien wirklich tot und verdienen so wenig, dass ein Hausarzt bei uns noch nicht einmal das Stethoskop zur Hand nehmen würde.

Natürlich musste man nicht stundenlang im Wartezimmer sitzen, wenn man nur das Medikament, das man seit Jahren nahm, verschrieben haben wollte, das erledigte dann die Sekretärin mit der Unterschrift der Ärztin (falls sie da war), aber das ging in der Regel schnell.

Alles andere dauerte.

Nur während der Olivenernte war das Wartezimmer leer, denn alle Kranken arbeiteten in den Olivenhainen.

In manchem Jahr überlegten Klaus und ich zu dieser Zeit schon: Haben wir nicht irgendetwas? Können wir nicht jetzt schon mal zum Arzt gehen, wo es doch gerade so schön leer ist?

Den Italiener an sich stört die Warterei nicht die Bohne.

Wo sitzt man sonst so schön im Trocknen, im Winter sogar im Warmen, und kann sich mit Freunden und Bekannten stundenlang unterhalten? Das ist sogar noch schöner und bequemer als in der Post. Und man erfährt auch hier Dinge, die man sonst nie erfahren hätte: Wer, wo, was, wann, mit wem, wo der Wald abgebrannt, der Hund weggelaufen und die Oma gestorben ist.

Im Wartezimmer liegen keine Zeitschriften und keine Spielsachen für Kinder herum, es ist so karg und scheußlich, wie man sich ein Wartezimmer überhaupt nur vorstellen kann. Keine Topfpflanze bringt ein bisschen Grün in die triste Bude, und auch die Stühle sind wüst zusammengestoppelt. Jeder, der einen Stuhl übrig hatte, hat einen dazugestellt. Blaue Plastikstühle, Holzstühle, Korbstühle, eine kleine Gartenbank – alles so unbequem wie nur irgendetwas.

An den Wänden hängen drei Plakate: Wie man sich vor Krebs schützt, wie man es schafft, mit dem Rauchen aufzuhören, und die Zeiten, wann die *dottoressa* demnächst *nicht* im *ambulatorio*, in der Praxis, ist.

Wer stundenlang in diesem Raum sitzt, fühlt sich richtig krank.

Jedenfalls ging es mir immer so, während ich versuchte, mich in ein Buch zu vertiefen und alles um mich herum zu vergessen. Aber das war schwierig, denn im Wartezimmer war ein solches Geschrei, dass ich jeden Satz fünfmal lesen musste, um überhaupt den Sinn zu verstehen.

Wenn man dann, zermürbt, nach Stunden bei der *dottoressa* im Behandlungszimmer stand, war das ganz anders als in einer Arztpraxis bei uns. Hier gab es keine Maschinen, keine Geräte – nichts. Nur einen Schreibtisch mit einem vorsintflutlichen Computer, einen Schrank mit uralten, verstaubten Medikamentenresten und eine kleine Pritsche mit einer Lampe darüber.

Ende.

Man schilderte sein gesundheitliches Problem, und das ganze Wartezimmer hörte durch den Hauch von einer Tür und durch die dünnen Wände mit. Alle gaben sich Mühe, so zu tun, als wären sie nur mit sich oder mit ihrem Nachbarn beschäftigt, aber natürlich wusste jeder von jedem, dass alle alles verstanden hatten.

Nach der Untersuchung gab es zwei Möglichkeiten: Entweder die *dottoressa* schrieb einem ein Medikament auf und damit war der Fall erledigt, oder sie gab einem ein Rezept für eine Untersuchung durch einen Spezialisten im Krankenhaus. Dort musste man dann anrufen (was Tage und Wochen in Anspruch nahm, da immer besetzt war) und einen Termin für die jeweilige Untersuchung ausmachen. Anschließend galt es, auf den Termin, auch auf eine simple Röntgenuntersuchung, abermals Wochen zu warten. Meist war man dann längst wieder gesund.

Wenn man sich allerdings ein Bein gebrochen, in die Hand gesägt oder sonst etwas Akutes und Fürchterliches angetan hatte oder sich vor Schmerzen krümmte, dann war es Blödsinn, zur *dottoressa* zu gehen. Sie konnte einem nicht helfen. Dann musste man sofort zum *pronto soccorso*, der Unfall- und Notaufnahme, ins nächste Krankenhaus.

Will man zum Beispiel mal einen Gesundheitscheck oder eine Blutuntersuchung machen lassen, ist das in Italien mit sehr viel Zeit und Geduld verbunden und funktioniert folgendermaßen:

Man geht als Erstes zur *dottoressa*, wartet Stunden und

erklärt dann, warum man gern ein großes Blutbild machen lassen will.

Wenn die *dottoressa* es einsieht und die Meinung teilt, schreibt sie eine Überweisung aus, auf der steht, was genau im Blut alles untersucht werden soll.

Mit dieser Überweisung geht man dann zum *distretto* (Gesundheitszentrum) einer naheliegenden Stadt, das nur zweimal in der Woche für den Publikumsverkehr geöffnet ist. Natürlich muss man auch dort ein bisschen Wartezeit mitbringen, aber schließlich bekommt man einen Termin für die Blutuntersuchung ungefähr einen Monat später und bezahlt eine geringe Selbstbeteiligung, die sich nach dem Umfang der Laboruntersuchung richtet.

Vier Wochen später geht man dann morgens früh um acht zur Blutabnahme, aber auch dort muss man ein bisschen Zeit mitbringen, da sich die halbe Welt an diesem Tag Blut abnehmen lässt.

Eine Woche später kann man wieder zum *distretto* fahren und sich das Ergebnis abholen.

Und schließlich setzt man sich wieder ein paar Stunden lang zur *dottoressa*, um das Ergebnis begutachten, sich erklären und gegebenenfalls Medikamente aufschreiben zu lassen.

Für so eine läppische Untersuchung, die in Deutschland vom Blutabnehmen bis zum Ergebnis oft nur drei Stunden dauert, benötigt man in Italien in einem Zeitraum von über einem Monat fünf Termine und ist mit Anfahrt und Wartezeit fünf Tage beschäftigt.

Wenn ich das Gefühl hatte, die ganze Rumsitzerei bei der *dottoressa* brachte mich nicht weiter, weil ich genau wusste, was mein Problem war und dass ich dringend einen Facharzt brauchte, besorgte ich mir bei der Sekretärin der *dottoressa* gleich einen Facharzttermin.

Das ging nicht sofort, aber innerhalb von zwei Wochen bekam ich einen.

Wenn ich den Arzt begrüßte, war ich schon hundertzwanzig Euro los, aber dafür hatte er dann auch Zeit für mich, eine halbe oder eine ganze Stunde.

Aber auch der Facharzt saß nur in einem Nebenraum der *dottoressa* und hatte keinerlei medizinische Geräte.

Röntgenapparate, Ultraschallgeräte, EKG, CT oder MRT gibt es nur im Krankenhaus. Kein Landarzt kann sich so etwas leisten, und ob er diese Geräte überhaupt benutzen dürfte, weiß ich nicht.

Daher herrscht in einem italienischen Krankenhaus, allein was die ambulante Behandlung betrifft, auch Jubel-Trubel-Heiterkeit. Es geht zu wie im Taubenschlag. Ein ständiges Kommen und Gehen, ein Gedränge und Hin- und Hergerenne wie auf dem Rummel.

Kein Wunder, wenn die Untersuchungsapparate so rar, so zentralisiert und so ausgelastet sind.

Wir mussten beide, Klaus und ich, wegen chronischer Erkrankungen zur Grippeschutzimpfung.

Und es war mal wieder die Hölle.

In dem kleinen Wartezimmer tummelten sich Himmel und Menschen. Die Leute standen dicht gedrängt wie in einer überfüllten U-Bahn und brüllten sich den neuesten Dorfschnack zu. Es hatten bereits alle den Überblick verloren, wer als Nächster dran war, aber bis auf mich schien das niemanden zu stören.

Es wunderte mich, dass ständig Ehepaare zusammen zur *dottoressa* hineingingen. Nicht nur bei der Impfung, sondern sonst auch.

Es kam mir fast vor, als würde zum Beispiel der Mann beim Frühstück sagen: »Mir tut die Hüfte so weh, ich glaub, ich geh heute mal zur *dottoressa*.«

Und die Frau sagt: »Au ja, prima, ich komm mit.«

Aber es fühlte sich gut an, wenn immer mal wieder zwei Personen auf einmal im Sprechzimmer verschwanden.

Der Andrang bei der Grippeschutzimpfung entstand dadurch, dass es im Jahr nur zweimal zwei Stunden gab, in denen geimpft wurde. Wer im Oktober oder November so gesund war, dass er das Ärztehaus nicht betrat und die Anschläge nicht las, hatte leider Pech.

Eins war mir allerdings klar: Wer bis zu dem Impftermin noch keine Erkältung und auch keine Grippe hatte, der wurde anschließend garantiert krank. Denn dem Gehuste, Geschnupfe und Geniese im Wartezimmer konnte niemand ungeschoren entkommen.

Es war im Grunde Wahnsinn und vollkommen kontraproduktiv: Man ließ sich in dieser Hölle impfen und wurde drei Tage später krank, weil man sich angesteckt hatte.

»Komm«, sagte Klaus und zog mich aus dem Wartezimmer. »Wir kaufen uns frei. Wir gehen zur Apotheke, holen uns den Impfstoff und bezahlen ihn halt, und dann warten wir auf nächste Woche. Wenn die anderen alle krank sind und das Wartezimmer leer ist, lassen wir uns die Spritze reinjagen.«

Ich grinste begeistert. »So machen wir das.«

Und es funktionierte tatsächlich.

Alle zwei Jahre bekam ich eine Einladung zur Mammographie. Natürlich ging ich hin, denn das war eine Untersuchung, die nicht wehtat und auch sonst keinerlei Probleme machte.

Zumal auf der Einladung ein präziser Termin angegeben war: Montag, 10. September, 9 Uhr 15. Im Krankenhaus von Montevarchi, zweiter Stock, in der Radiologie, Raum 124.

So wie es meine Angewohnheit ist, war ich superpünktlich, das heißt eine Viertelstunde zu früh.

Im Flur der Radiologie vor Raum 124 saßen zwanzig Frauen, alle in meinem Alter. Lauter Mammographie-Kandidatinnen. Bis Viertel nach neun kamen noch zehn weitere Frauen. Es war – wie immer und überall – die Hölle los.

Die Radiologie startete mit ihrer Arbeit erst um 9 Uhr 30, indem die Röntgenschwester und zwei Kolleginnen unsicher grinsend die geheimnisvolle Tür mit der roten Warnlampe aufschlossen und dahinter verschwanden. Dann passierte wieder eine Viertelstunde lang gar nichts, bis der Herr Professor, der seine Patientinnen weder grüßte noch eines Blickes würdigte, anrauschte und hinter der Nebentür verschwand.

Um kurz nach 10 Uhr ging es endlich los, die Frauen wurden namentlich aufgerufen. Jede benötigte knapp zehn Minuten für die Untersuchung.

Mein Name wurde nicht aufgerufen.

Als mir auffiel, dass auch Frauen, die nach mir gekommen waren, schon lange fertig waren, fragte ich rum, zu welcher Zeit die anderen alle denn bestellt waren.

Und es war nicht zu fassen: Alle dreißig Frauen waren zu 9 Uhr 15 bestellt!

Auf Grund der präzisen Zeitangabe, war ich davon ausgegangen, dass jede Frau einen eigenen Termin hatte.

Ich wartete bis zum bitteren Ende. Bis zur Mittagspause um 1 Uhr 30. Weil mein Name so komisch klang und weil ihn niemand aussprechen konnte, hatten sie mich ganz ans Ende der Liste gesetzt. Hatten erst einmal alle Giovanninis, Saleris, Rossinis, Pisinis und Borellis drangenommen. Und zum Schluss bemühte sich dann die Röntgenassistentin, meinen Namen hinauszuwürgen: »Ti – ä – s – lär!«, und wunderte sich, dass ich genauso wie alle anderen untersucht werden wollte und vom endlosen Warten schon ziemlich genervt war.

Die Sekretärin, die einem schnell mal ein Rezept ausstellen konnte, saß in einem winzigen Raum, zwischen dem Wartezimmer und dem *ambulatorio* der *dottoressa*. Es war ein Raum wie ein Wurmfortsatz, die Tür stand immer offen, und alle bekamen mit, wer welches Problem hatte oder wer welches Medikament verschrieben haben wollte.

Francesca war eine taffe Person, sie war sehr kompetent, kannte jeden und jedes Problem, saß seit Jahren an diesem Platz, und manchmal hatte ich das Gefühl, sie war für das Dorf fast wichtiger als die *dottoressa.*

»*Buongiorno,* Francesca«, polterte Olivenbauer Fabio eines Nachmittags los, als er nach einiger Wartezeit dran war, »ich brauche mein Prostatamittel. Für zwei Monate.« Weil er selbst schwerhörig war, brüllte er fürchterlich, und niemand musste sich anstrengen, den Dialog mitzuhören. Beziehungsweise, alle waren gezwungen dem zuzuhören, was Fabio sagte.

»Wie geht es dir denn, Fabio?«, fragte Francesca, während sie in ihren Computer schaute.

»Ganz gut. An die Windel hab ich mich gewöhnt, und alles andere, du verstehst schon, hat sich erledigt – na ja, ist in meinem Alter nicht mehr so wichtig.« Er kicherte, und alle im Wartezimmer grinsten.

Keiner brüllte mehr rum, alle waren gespannt, wie es mit Fabios Prostata weiterging.

»Oh«, sagte Francesca, »ich sehe gerade, ich habe dir dein Prostatamittel vor zwei Wochen bereits aufgeschrieben. Genug für zwei Monate. Wieso brauchst du denn schon wieder neues?«

»Es ist nicht für mich, es ist für Laura, meine Frau«, brüllte Fabio. Einige lachten leise.

Francesca holte tief Luft.

»Nun mal langsam, Fabio. Deine Frau hat keine Prostata, also braucht sie auch kein Prostatamittel.«

»Kann sein, aber es hilft ihr.«

»Wobei?«

»Beim Pipi machen.«

Das Kichern im Wartezimmer wurde stärker.

»Es tut mir leid, Fabio, aber ich kann Frauen kein Rezept für Prostatamittel ausstellen. Das geht einfach nicht. Und du hast noch genug Tabletten.«

»Aber wenn es ihr doch hilft?«

»Dann komm mit Laura her und rede mit der *dottoressa*. Ich bin sicher, sie findet auch ein Mittel für Frauen.«

Fabio resignierte. Er hörte gar nicht mehr auf, seine Mütze in der Hand zu drehen, und schwieg. Nach einer endlosen Minute nickte er und verließ stumm das Wartezimmer.

Die Dorfbevölkerung hatte sich gut amüsiert.

Jetzt kennen sie Fabios Problem, und sie mögen ihn. Er ist einer von ihnen.

Auf dem Land weiß man sich zu helfen.

Durch einen Zeckenbiss hatte ich Borreliose bekommen und musste nun drei Wochen lang zweimal täglich stets um dieselbe Zeit ein Antibiotikum gespritzt bekommen.

»Wer kann dir die Spritzen geben?«, fragte die *dottoressa*. »Eine Freundin? Eine Nachbarin? Dein Mann? Denn hier ist ja am Wochenende keiner, und unter der Woche müsstest du jeden Tag ungefähr drei Stunden warten.«

»Ja, klar, mein Mann wird das schon machen«, antwortete ich verunsichert.

»Prima.«

Die *dottoressa* gab mir die Spritzen mit, erklärte mir, wie das Serum mit einem Pulver zu vermischen und in die Spritze aufzuziehen sei, und malte mir mit einem dicken Kugelschreiber zwei große Kreuze auf jede Pobacke. In den linken oberen Quadranten der linken Pobacke machte sie ein Kreuz, und in den entsprechenden Quadranten der rechten wieder eins. Dies waren jeweils die Bereiche, wohin mich Klaus spritzen sollte.

Na, schönen Gruß.

Zum Glück klappte alles prima, denn Klaus hatte kein Problem damit. Wer Esel impft, der kann auch seiner Frau Antibiotika spritzen.

Aber ein bisschen fassungslos war ich doch.

Pronto soccorso

Wenn es einem nicht gut geht, wenn man einen Unfall im Haus oder unerklärliche Schmerzen hat, dann passiert dies ja meist in der Nacht oder am Wochenende. Auf jeden Fall dann, wenn der für die Region zuständige Arzt nicht da ist. Und er könnte und würde auch nichts anderes tun, als einen ins Krankenhaus weiterzuschicken.

Also fährt man bei akuten Problemen aller Art direkt ins Krankenhaus, zum *pronto soccorso*.

Dort trifft sich rund um die Uhr ganz Italien. Und egal, was man hat, man muss immer zehn bis zwölf Stunden Zeit mitbringen. Die Schwester am Empfang ist die Ruhe in Person und durch nichts zu erschüttern. Mit unbewegter Miene hört sie sich die Schauer- und Schmerzensgeschichten an und verteilt bunte Bändchen. Rot, blau, grün, gelb oder weiß. Je nach Dringlichkeit. Ein eventueller Herzinfarkt bekommt zum Beispiel ein rotes Bändchen und wird gleich untersucht, die Allergie, die sich in fürchterlichem Ausschlag zeigt, bekommt ein weißes. Das ist die Farbe für »harmlos« und bedeutet: Es wird dauern.

Mit einem weißen Bändchen kann man sich im Warteraum des *pronto soccorso* gleich häuslich einrichten. Die Chance, jemals dranzukommen, ist äußerst gering, denn ständig trudeln neue Fälle ein, die als dringlicher eingestuft werden.

In so einem Fall müsste man in Notwehr ohnmächtig vom Stuhl fallen, um die stoische Schicksalsgöttin hinter dem Tresen auf sich aufmerksam zu machen.

Aber es kann auch noch schlimmer kommen.

Eines Mittags, an einem sonnigen Tag im April, verschluckte sich Klaus an einer Gräte. Er fing an zu husten, zu spucken, zu röcheln und zu würgen – es war fürchterlich, aber die Gräte blieb stecken.

»*Pronto soccorso?*« schrie ich, und Klaus nickte nur.

Wir sprangen ins Auto und rasten los. Erst Stunden später wurde mir bewusst, dass ich alle Türen des Hauses sperrangelweit offen gelassen hatte und dass der Computer lief.

Ich raste mit dem immer schlimmer und beängstigender röchelnden Klaus neben mir über Stock und Stein vom Berg, dann über die Landstraße, mit hundertzwanzig Sachen durch einige Dörfer und dann wie der Henker durch die Stadt und kam in Rekordzeit im *pronto soccorso* des Krankenhauses in Montevarchi an.

Klaus' Gesicht war mittlerweile violett angelaufen, er bekam kaum noch Luft, konnte nicht mehr sprechen und kaum laufen.

Die Stoische am Empfang zeigte keinerlei Regung, als sie ihn sah, gab ihm auch kein Bändchen, sondern sagte stattdessen: »Tut mir leid, heute ist kein Hals-Nasen-Ohrenarzt im Haus, da müssen Sie nach Arezzo fahren.«

»Wie?«, kreischte ich. »Mein Mann ist kurz vorm Ersticken, wir haben es kaum bis hierher geschafft, und jetzt sollen wir noch eine halbe Stunde nach Arezzo fahren?«

Sie zuckte nur die Achseln und notierte sich irgendetwas auf einem Zettel. Der Fall war für sie erledigt.

»Wenn er nach Arezzo muss, dann brauchen wir einen Krankenwagen!« Meine Panik wurde immer schlimmer. »Falls auf der Fahrt was passiert. Es muss ein Arzt dabei sein, der einen Luftröhrenschnitt machen kann, wenn er gar keine Luft mehr bekommt.«

»Das geht nicht«, sagte die Empfangsdame und trommelte mit ihrem Kugelschreiber ungeduldig auf der Tischplatte herum, »wir haben keinen Krankenwagen hier.«

Das stimmte gar nicht. Draußen vor der Tür standen drei Stück.

Ich war so wütend, ich platzte fast. Zum ersten Mal hatte ich Lust, jemandem eine runterzuhauen. Aber das tat ich natürlich nicht, sondern wünschte der eiskalten Lady insgeheim die Pest an den Hals und sagte zu Klaus: »Komm und halt durch.«

Dann schleppte ich ihn ins Auto und brauste los.

Wieder raste ich wie eine Verrückte.

Die Schwester am Empfang des *pronto soccorso* in Arezzo erkannte die Brisanz der Situation sofort, schob Klaus gleich ins Behandlungszimmer und klingelte nach einem Arzt.

Es dauerte nur Minuten, dann wurde Klaus narkotisiert, und man begann mit irgendwelchen Geräten, die verfluchte Gräte herauszuziehen.

Als Klaus später aus der Narkose erwachte, grinste er und sagte: »Das nächste Mal probier ich es mit einem Hühnerknochen.«

Ein anderes Mal hatte ich erhebliche Lungenprobleme und bereits zwei Nächte nicht geschlafen. Ich befürchtete, dass zu meiner chronischen Erkrankung mal wieder eine Lungenentzündung hinzugekommen war, und brauchte dringend eine Diagnose und eine Behandlung.

Morgens um zehn fuhr ich zur *dottoressa*, die Sprechstunde hatte. Besser zwei Stunden bei der *dottoressa* warten als zehn Stunden im *pronto soccorso*. Vielleicht horchte sie mich ab, verschrieb mir ein Antibiotikum, und fertig war der Lack.

Aber die *dottoressa* war nicht da. Es hatte also keinen Zweck zu warten.

»Was soll ich denn tun?«, fragte ich die Sekretärin.

»Fahr zum *pronto soccorso*«, sagte sie. »Mehr Möglichkeiten gibt es nicht.«

Im Auto überlegte ich mir, dass es eigentlich besser war, direkt in die *pneumologia*, die Lungenabteilung, zu gehen. Die kannten mich da, die hatten meine Akte, und vielleicht hatte ich Glück und traf sogar meinen behandelnden Arzt.

Wie nicht anders zu erwarten, warteten Himmel und Menschen vor der Tür. Aber nur zwei Minuten später sah ich »meinen« Arzt, der mich auch bemerkte und mir kurz zuwinkte, und da war für mich alles klar: Ich würde hier warten. Egal, wie lange.

Es war gar nicht so schlimm. Nach nur drei Stunden wurde ich hereingewunken.

Der Arzt hörte sich meine Geschichte an, horchte mich ab und meinte nach einer Minute: »Du musst geröntgt werden, und ich brauche ein Blutbild.«

Kein Problem, dachte ich. Dann wissen wir wenigstens Bescheid. Und jetzt war ich ja schon mal hier, das klappte ja bestens.

»Okay«, sagte ich. »In welche Abteilung muss ich?«

»Zum *pronto soccorso*«, antwortete er.

Mir fiel die Kinnlade runter.

»Aber warum denn das?«

»Das ist so. Wir können hier nicht einfach jemanden zum Röntgen schicken. Ich gebe dir eine Empfehlung mit, dass du geröntgt werden musst. Alles Weitere entscheiden die da unten.«

»Oh nein«, stöhnte ich.

»Tut mir leid«, sagte er freundlich. »Alles Gute.« Er gab mir die Hand und verschwand im nächsten Behandlungsraum.

Klaus wurde fast verrückt, als er hörte, dass wir nun, nachdem wir schon drei Stunden gewartet hatten, doch noch zum *pronto soccorso* mussten.

»Was ist das für ein Irrsinn!«, fluchte er. »Ich versteh's nicht! Ich versteh das ganze System nicht! Warum musst du jetzt zwischen den Beinbrüchen und Bauchschmerzen warten? Insbesondere, da die Diagnose klar ist!«

»Komm«, seufzte ich. »Wir müssen da durch.«

Klaus war mitgekommen, weil ich vor lauter Husten nicht Auto fahren konnte. Der arme Kerl.

Am Empfangstresen gab ich brav meinen Zettel aus der *pneumologia* ab und bekam als Gegenleistung ein gelbes Bändchen. Das ist nicht ganz, aber fast so schlimm wie ein weißes.

»Schönen Gruß«, sagte ich und versuchte die Menschenmassen zu ignorieren, die überall um uns herum saßen.

Klaus machte sich erst einmal auf die Wanderschaft, um Brötchen und Wasser zu organisieren, damit er die nächsten Stunden überstehen konnte, und ich war heilfroh über meinen E-Book-Reader. So viele Bücher, wie man hier lesen musste, konnte man ja gar nicht mitschleppen.

Ich konnte es nicht fassen: Bereits drei Stunden später war ich dran und wurde hineingewunken. So schnell! Obwohl ich doch ein gelbes Bändchen hatte! Unglaublich.

Aber meine Euphorie war verfrüht, denn sie zapften mir bloß Blut ab, und anschließend durfte ich mich wieder nach draußen setzen.

Weitere zwei Stunden vergingen, bis ich endlich zum Röntgen gerufen wurde. Klaus war mittlerweile fix und fertig, denn es war jetzt halb sieben, Esel und Hunde mussten dringend gefüttert werden, wahrscheinlich schrien die Esel schon die ganze Gegend zusammen. Aber er konnte mich ja nicht in Siena verschimmeln lassen, und es gab keine Möglichkeit, von dort zu uns nach Hause zu kommen.

Da mussten die Esel schreien.

Gut, dachte ich, jetzt ist ein Ende abzusehen. Die müssen sich ja nur noch das Röntgenbild angucken, und dann wissen wir ganz schnell, was Sache ist.

Eine Stunde später, es war jetzt 20 Uhr, kam das Ergebnis des Röntgen, und als die Tante am Tresen mir den kurzen schriftlichen Bericht in die Hand drückte, sagte sie im gleichen Atemzug: »Aber Sie können noch nicht gehen, das Blutbild ist noch nicht fertig.«

Das war zu viel, und Klaus flippte aus. Er schrie und tobte und erzählte von hungernden Tieren und den vielen Stunden, die wir jetzt schon hier säßen und und und.

»Pass auf«, sagte ich um halb neun. »Wir hauen jetzt hier ab. Wir gehen noch mal in die *pneumologia*. Da wird noch jemand sein. Da ist ja immer jemand. Wir zeigen denen das Röntgenbild, und dann sollen die mir irgendwas aufschreiben. Denn eine Nachtapotheke müssen wir ja auch noch suchen.«

»Mein« Arzt war immer noch da. Du lieber Himmel, wie viele Stunden arbeitete der denn?

Jedenfalls holte ich mir eine gehörige Gardinenpredigt ab, weil ich den *pronto soccorso* ohne Blutbild verlassen hatte. Das fand er unmöglich, und dafür hatte er nicht das geringste Verständnis, ganz gleich, wie lange wir da nun gesessen hatten.

Er sagte mir, ich solle warten, und verschwand mit grimmigem Gesicht in irgendeinem Raum. Nach fünf Minuten kam er wieder. Mit dem ausgedruckten Blutbild in der Hand.

Na sieh mal einer an! Nun war es plötzlich fertig?

Nachdem wir noch eine Nachtapotheke ausfindig gemacht hatten, waren wir um 22 Uhr zu Hause. Selbstverständlich ohne Medikament, denn das musste erst einmal bestellt werden. Also noch einmal eine schlaflose Nacht.

Es geht irgendwie alles. Aber du musst verdammt viel Zeit haben in Italien.

In ospedale

Ich benötigte eine Herzkatheteruntersuchung, und das übliche Procedere begann: Der Arzt ordnete es an, ich ging mit seinem Rezept zum Gesundheitszentrum, die notierten es und sagten: »Sie werden benachrichtigt.«

»Ja, wann denn ungefähr?«

»Keine Ahnung. Es kann in einer Woche, in einem Monat oder in einem Jahr sein. Kommt ganz auf die Warteliste an.«

»Und wenn ich dann gerade verreist bin?«

»Dann haben Sie Pech. Aber dann setzen wir Sie erneut auf die Warteliste.«

Wie schön. Ich liebe Überraschungen, aber nicht solche.

Bei sämtlichen Untersuchungen und auch bei diversen Eingriffen und Operationen kommt man auf eine geheimnisvolle Warteliste und weiß nicht, ob einen das Schicksal in drei Monaten oder in drei Jahren ereilt. Und wehe, man hat keine Zeit, wenn die langersehnte Operation stattfinden soll.

Nur in einem Fall kann man völlig gelassen sein: Ganz gleich, was einem gesagt wird, weniger als drei Monate beträgt die Wartezeit nie. Da kann man beruhigt in die Karibik fliegen.

Vier Monate später machten Klaus und ich unseren wöchentlichen Großeinkauf für die ganze Woche. Es war Freitag um kurz vor zwölf, als wir auf dem Weg zum Supermarkt in Montevarchi waren und mich im Auto der Anruf der Klinik erreichte.

Eine strenge Stimme bat mich, noch vor 17 Uhr im Krankenhaus zu sein.

Ich war völlig perplex.

»Das kann doch nicht sein«, sagte ich, während sich Klaus, der mitbekommen hatte, was die Stimme gesagt hatte, schon an die Stirn tippte. »Heute ist Freitag. Da passiert doch nichts mehr! Und morgen und übermorgen auch nicht. Warum kann ich denn nicht am Montagmorgen ganz früh kommen?«

»Nein«, sagte die Signora aus der Verwaltung, »das geht nicht. Es müssen vor dem Eingriff noch einige Untersuchungen gemacht werden. Und da er am Montag stattfinden wird, müssen Sie heute kommen.«

»Die Untersuchungen machen Sie am Samstag und Sonntag?«

»Am Samstag. Ja.«

»Das kann ich nicht glauben.«

»Also, kommen Sie nun heute Nachmittag oder nicht? Soll ich den Termin streichen?«

Die Geduld der Dame war am Ende. Nachfragen dieser Art und verbalen Widerstand war sie überhaupt nicht gewohnt. Das ganze Gespräch begann ihr auf die Nerven zu gehen.

Ich seufzte tief und von ganzem Herzen. »Na gut, ich komme. Bis nachher. *Molte grazie.*«

Sie legte als Erste auf.

»Dreh um«, sagte ich zu Klaus. »Ich muss packen. Und dann müssen wir los. Zur Erholung ins Krankenhaus. *Porca miseria!*«

Um kurz vor fünf kam ich da an. Die Flure wirkten ausgestorben, zwei Schwestern standen herum und unterhielten sich laut. Mein Erscheinen war für sie wie eine willkommene Abwechslung. Sie lächelten freundlich, und eine der beiden zeigte mir mein Zimmer.

Ein Vierbettzimmer. Italienischer Standard. Nicht sehr interessiert, wer da noch in ihr Zimmer kam, sahen die drei Frauen in ihren Betten auf und ließen sich für drei Sekunden bei ihrem lautstarken Palavern stören. Sie blickten mich erst einmal misstrauisch an. Jede Neue konnte Unruhe und Ärger bringen oder schnarchen.

Um sieben Uhr kam eine Schwester und maß meinen Blutdruck. Das war ja immerhin schon einmal eine grandiose Untersuchung, für die sich das Kommen an diesem Tag gelohnt hatte.

Ich bat sie um eine Flasche Wasser oder eine Kanne Tee, um irgendetwas Trinkbares. Sie brachte mir einen winzigen Plastikbecher und meinte, im Bad gäbe es Wasser, da könnte ich so viel trinken, wie ich wollte.

Grazie. Tante grazie. So viel Güte hatte ich gar nicht erwartet.

Die Mädels in meinem Zimmer (»Mädels« ist vielleicht etwas übertrieben, denn sie waren alle zwischen vierzig und fünfundsiebzig), die, wie ich in den nächsten Tagen noch schmerzlich erfahren musste, von morgens um sieben bis abends um neun ohne Punkt und Komma und in grauenvoller Lautstärke quatschten, hielten um Punkt neun Uhr alle plötzlich die Klappe, legten sich hin und wollten schlafen.

Ich selbst las noch eine Weile im grellen Schein meiner Bettlampe, und dabei fiel mir ein, dass ich an diesem Abend noch gar keine Tabletten genommen hatte. Nun ist es verboten, ins Krankenhaus sein gesamtes tägliches Tablettensammelsurium mitzubringen. Bisher hatte mir niemand Medikamente gebracht, aber das war klar, ich hatte ja auch noch keinen Arzt zu Gesicht bekommen.

Also machte ich die hässliche Lampe aus und schlich auf den Flur.

In italienischen Krankenhäusern stehen immer alle Zimmertüren sperrangelweit offen. In dieser Beziehung sind die Italiener absolut schmerzfrei. So kann jeder, der den Flur entlanggeht, in sämtliche Zimmer sehen, kann beobachten, wie Katheter gesetzt oder Einläufe gelegt werden, wie Bauchwunden versorgt oder Tante Giulietta gewaschen wird. Das kratzt niemanden. Es gibt auch keine Paravents, die in solchen Fällen aufgestellt werden könnten, um zumindest vor den Blicken der Männer aus dem Nebenzimmer oder der Besucher zu schützen, *niente*.

Aber wie gesagt, die Italiener sind da schmerzfrei. Wer ins Krankenhaus geht, gibt an der Eingangstür seine Intimsphäre und seine Scham ab. Wir sind allesamt nichts als kranke Körper, niemand ist mehr privat.

Die italienische Nachtschwester an sich langweilt sich. Zumindest streckenweise. Aber sie denkt gar nicht daran, sich in der Nacht ruhig zu verhalten, so wie in Deutschland, wo auf nächtlichen Krankenhausfluren absolute Ruhe herrscht oder nur geflüstert wird, sondern sie tönt und quatscht in der typischen landesüblichen Lautstärke die ganze Nacht. Auf größeren Stationen mit einer Kollegin, oder mit Patienten, die nicht schlafen können. Wenn gar keiner da ist, um ihr die Zeit zu vertreiben, brüllt sie ins Telefon.

Verschärft wird dies durch die überall weit offen stehenden Türen und die blendende Akustik auf den Fluren. So hat man kein Problem, die Gespräche der Nachtschwester über ihre privaten Freuden und Leiden lückenlos zu verfolgen.

Als ich vor ihr stand, telefonierte sie gerade und machte auch keine Anstalten, innerhalb der nächsten halben Stunde damit aufzuhören. Wahrscheinlich wusste sie, dass ich nur auf eine Untersuchung wartete und nicht sterben würde, wenn sie mich mal eine Weile auf dem Flur stehen ließ. Die Nacht war ja noch lang.

Ich ging vor ihr auf und ab, pfiff leise ein Liedchen vor mich hin und hoffte, sie damit nervös zu machen – aber nichts da. Ein Italiener, der telefoniert, telefoniert. Und lässt sich durch nichts aus der Ruhe bringen.

Schließlich, nach Ewigkeiten, beendete sie ihr Gespräch und strahlte mich an.

»Was gibt's denn?«

»Ich hab heute Abend noch keine Medikamente genommen.« Und dann zählte ich all das auf, was für mich wirklich sehr wichtig war. Dies und das und jenes und solches.

Sie schrieb mit. Dann schlug sie in einem dicken Buch nach, um zu sehen, was das für Medikamente sind, und als sie fertig war, sagte sie: »Wie lange sind Sie hier? Ein paar Tage nur, oder?«

»Ja, bis Dienstag.«

»Dann macht es nichts, wenn Sie bis Dienstag mal keine Medikamente nehmen.«

Ich nickte, dabei hätte ich eigentlich besser den Kopf schütteln sollen. So lief das hier also. Es war alles gut und nicht so schlimm, solange man nicht verreckte.

Ich würde Klaus bitten, mir meine Tablettensammlung mitzubringen. Ich konnte das, was ich brauchte, auch im Bad nehmen. Da war ja sowieso meine Bar.

Italienische Krankenhäuser sind hoffnungslos mit dem Krankenhauskeim MRSA verseucht, und das ist auch kein Wunder. Es hängen zwar überall Plakate, die zur Aktion *mani puliti,* saubere Hände, aufrufen und daran erinnern, die Hände mit den überall aushängenden Desinfektionsmitteln zu reinigen. Falls keine da wären, sollte man doch ins Bad gehen und sich die Hände waschen.

Wer diesen Zusatz aufs Plakat gedruckt hat, muss sehr weise gewesen sein und sein Land gut kennen, denn es sind zwar zahlreiche Haltevorrichtungen für die Desinfektionsflaschen in den Fluren und Zimmern angebracht, aber ich habe darin noch nie eine Flasche gesehen. Noch nie! Ich habe immer darauf geachtet und diese Flaschen gesucht, und ich war oft in Krankenhäusern. Ambulant und stationär.

In italienischen Krankenhäusern wird man munter gespritzt, an den Tropf gehängt, verbunden und was weiß ich, die Schwestern wandern von Bett zu Bett und tun irgendetwas, aber Desinfektion hab ich nie erlebt. Es ist ein Desaster.

Und bei der Visite geben die Ärzte den Patienten natürlich fröhlich die Hand. Einem nach dem andern. Wenn man nicht in der Lage ist, aufzustehen und sich sofort die Hände zu waschen, ist man aufgeschmissen.

Sobald man in einem deutschen Krankenhaus erzählt, dass man innerhalb der letzten sechs Monate in einem italienischen Krankenhaus gelegen hat, treten die Leute sofort ein paar Schritte zurück, und man wird augenblicklich auf MRSA untersucht. Da ist man sofort ein Risikopatient erster Klasse, obwohl die Zustände in Deutschland ja auch nicht die allerbesten sind. Aber besser als in Italien allemal.

Jedes Zimmer hatte ein eigenes Bad, das war ja schon mal toll, aber ganz schlimm wurde es, als ich es benutzen wollte, denn es war ein einziger Saustall. Mir grauste derart, dass ich mir dachte, warte mal mit Zähneputzen und Waschen, bis der Putzdienst da war. Dann ist es vielleicht besser.

Von wegen. Die schlecht gelaunte Putzfrau wedelte mit einem Wischmob einmal durchs Bad, verteilte den Dreck von links nach rechts, hob noch nicht mal das Papier auf, das auf der Erde lag, und ignorierte Toilette und Waschbecken. Allmählich wusste ich nicht mehr, wie ich das Ganze überleben sollte, ohne vor Ekel umzukommen

Natürlich passierte am Samstag und Sonntag außer Fiebermessen gar nichts. Ich langweilte mich, hatte von der blöden Sitzerei im Bett mit dem Laptop auf dem Bauch Rückenschmerzen und fühlte mich allmählich krank. So wie es sich im Krankenhaus gehört.

Wenn ich mal einen Moment nicht in ein Buch oder auf den Bildschirm guckte, ließ ich meine Blicke im Zimmer umherwandern, und auch da kam mir das Grausen. Kein Bild an der Wand, und der herrliche Blick über Siena unsichtbar. Denn die Mädels bestanden darauf, den ganzen Tag die Jalousien unten zu lassen, sodass weder Tageslicht, geschweige denn ein bisschen Sonne ins Zimmer drang, was einen hätte aufheitern können.

»Wollen wir nicht mal ein bisschen Sonne ins Zimmer lassen?«, fragte ich.

»Nein!«, antworteten alle einstimmig.

»Warum denn nicht?«, fragte ich völlig naiv weiter.

Darauf wussten sie zwar keine Antwort, aber sie kreischten einstimmig: »Bloß keine Sonne!«

Die kalte Neonröhrenbeleuchtung an einem freundlichen,

sonnigen Tag machte mich noch trübtassiger, als ich ohnehin schon war.

Auch das Essen im Krankenhaus ist eine ganz spezielle Sache. Gott sei Dank war ich schon erfahren und krankenhausgeschädigt, sodass ich nicht mehr in die Falle tappte, die unvermeidbar ist, wenn man als Ausländer zum ersten Mal in ein italienisches Krankenhaus kommt.

In Italien wird erwartet, dass man seine Tee- oder Kaffeetasse und sein Besteck von zu Hause mitbringt.

Wer für das Frühstück einen Kaffeebecher bereithält, der einen halben Liter fasst, bekommt einen halben Liter Kaffee. Wer nur ein kleines Kaffeetässchen hat, bekommt nur so viel, wie hineinpasst, wer gar nichts hat – so wie ich beim ersten Mal –, bekommt ein winziges Plastikbecherchen voll, ungefähr einen Zentiliter. Nachgeschenkt wird nicht. Wer kein eigenes Besteck dabeihat, muss mit den Fingern essen.

Das karge, vollkommen geschmacklose und lieblos zubereitete Essen ist zum Verzweifeln. Wenn man so wie ich die Kohlehydrate meidet, hat man keine Chance. Man wird mit Kohlehydraten zugeschüttet. Wo ist die frische, gesunde, mediterrane Küche? Was macht da der arme Italiener, der im Leben nur eine Leidenschaft kennt, nämlich Essen?

Ganz einfach. Er weiß sich ganz italienisch zu helfen, und darauf haben sich die Krankenhäuser voll eingestellt. Besuchszeiten sind in Italien frühmorgens, mittags und abends. Zu den Mahlzeiten also. Und dann fällt die ganze Familie ein und füttert den armen verhungernden Kranken. Sie bringen körbeweise Obst und Gemüse, schmackhafte und gewürzte Nudelgerichte, ganze Salami, Schinken, Käse und Wein. Sie bringen frische Brötchen zum Frühstück und gebratene Ente zum Abendbrot. Es wird getrunken und geschlemmt im Krankenzimmer, um jedes Bett stehen zu jeder Mahlzeit mindestens fünf Personen, gestikulieren, lachen, diskutieren und brüllen durch die Gegend. Bei einem Vierbettzimmer kann man sich gut vorstellen, was da zu den Besuchszeiten los ist.

Wenn man von keiner Sippe gefüttert wird, ist das kaum auszuhalten. Außerdem fällt man vom Fleisch und geht vor die Hunde.

Aber die Einhaltung der Besuchszeiten ist in Italien rigoros. Verständlich eigentlich, denn in diesem Chaos könnte kein Patient mehr behandelt werden. Die Besucher warten geduldig vor der Station, bis die Tür aufgeschlossen wird. Dann stürzen sie durch die Flure wie zu Beginn des Schlussverkaufs in die Kaufhäuser. Und ist die Besuchszeit zu Ende, werden sie pünktlich auf die Minute hinausgeschmissen. Da gibt es keine Extrawürste.

Nur so, mit Hilfe von Familie, Freunden und Nachbarn, lässt es sich in italienischen Krankenhäusern überleben.

Am dritten Morgen meines Wartens und meiner Untätigkeit sagten die Schwestern, sie wollten mein Bett neu beziehen.

»Nicht nötig«, sagte ich. »Es ist noch alles ok.«

»Gut.« Die beiden begannen nun mein Bett zu machen, warfen Wolldecke, das Bettlaken zum Zudecken und das Kopfkissen auf den dreckigen Fußboden, auf dem der Wischmob Pflästerchen und Wattebäusche verteilt und Hausschuhe durcheinandergeschoben hatte, und zogen das Laken auf der Matratze glatt.

»So«, sagte ich und deutete auf mein Bettzeug auf dem Fußboden. »*Jetzt* können Sie *alles* neu beziehen.«

Es gibt Dinge, die versteh ich den ganzen Tag nicht, sagt ein norddeutscher Bekannter immer. Aber das sind Dinge, die versteh ich mein ganzes Leben nicht.

Am Dienstagnachmittag wurde dann schließlich die Herzkatheteruntersuchung gemacht, am Mittwoch war ich wieder zu Hause. Das waren fünf Nächte im Krankenhaus statt einer. Wer dieses Gesundheitssystem finanzieren soll, weiß ich nicht.

Hübsch war auch eine andere Krankenepisode: Aus meinem vor einem halben Jahr gebrochenen Fuß sollte eine Schraube gezogen werden. Ich lag wie ein Unfallopfer unter silberner Alufolie im Vorraum des OPs, fror dennoch und wartete bibbernd ungefähr zwei Stunden. Im OP wurde gerade jemandem eine neue Hüfte eingebaut.

Schließlich war die Operation vorbei, die Tür sprang auf, und ich hatte den Blick frei auf einen OP-Tisch voller Blut, auf blutbespritzte Wände, blutbesudelten Fußboden etc. Es war furchtbar. Eine Szenerie wie im Schlachthof.

Der Operateur kam heraus, blieb in der offenen Tür stehen, zog die Maske vom Gesicht und begann ein Käsebrötchen zu essen.

Ich überlegte ernsthaft, ob ich nicht lieber aufstehen und wegrennen sollte, traute mich dann aber doch nicht.

Und nun ging alles sehr schnell. Der OP-Tisch wurde flüchtig sauber gemacht, ein Putzkommando wischte über Wand und Fußboden, und schon lag ich auf dem kalten Tisch, immer noch blutige Restspritzer an der Wand im Blick.

Mehr will ich von dem Eingriff nicht erzählen, ich kann nur jedem den Rat geben, es möglichst zu vermeiden, in Italien ins Krankenhaus zu kommen.

Die Ärzte sind eine Wucht. Wirklich. Hervorragend ausgebildet, sie verstehen was von ihrem Fach. Hut ab.

Aber das ganze Drumherum ... Nee, Kinder, nee.

Alle in Deckung –
die Jagd beginnt!

Unser friedliches, beschauliches Leben endete abrupt jedes Jahr im Oktober.

In der Morgendämmerung schreckten wir hoch, weil um uns herum geschossen wurde. Jedenfalls hörte es sich nah und bedrohlich an.

Die Jagd begann, und damit der Krieg des Jägers gegen alles, was da kreucht und fleucht.

Wir wussten, jetzt galt für vier bis fünf Monate: ganz stark sein, nicht die Nerven verlieren, auf die Haustiere aufpassen und niemals die Wege im Wald verlassen.

Denn wer sich bewegte, wurde erschossen.

Wir quälten uns aus dem Bett, ich ging unter die Dusche, drehte den Wasserhahn auf – *niente.*

Klaus kam gerade ins Badezimmer. »Wir haben kein Wasser«, sagte ich.

Er fluchte.

Weil die Morgensonne ins Badezimmer schien, hatten wir noch gar kein Licht angeschaltet. Jetzt knipste Klaus die Lampe über dem Badezimmerspiegel an – *niente.*

»Wir haben überhaupt keinen Strom«, flüsterte ich. »Das ist ja fabelhaft. Kein Strom, also auch keine Heizung und kein Wasser. Besser geht's ja gar nicht.«

Keinen Strom zu haben bedeutete bei uns immer den Supergau, da die Brunnenpumpen das Wasser aus den über hundert Meter tiefen Brunnen nicht nach oben und nicht ins Haus pumpen konnten.

Ich zog mich ungeduscht an, und Klaus rauschte hinaus, um nach den Sicherungen zu sehen.

Kurz darauf kam er wieder. »Alle Sicherungen sind drin, alles bestens. Aber nichts funktioniert. Vielleicht liegt der Fehler gar nicht hier bei uns, sondern ist allgemeiner Natur. Vielleicht hat die ENEL den Strom hier in der Gegend abgeschaltet, um irgendwas zu reparieren?«

»Am Samstag?« Ich tippte mir an die Stirn.

»Ach, heute ist ja Samstag«, meinte Klaus verwirrt.

»Ja, bei der Knallerei da draußen ist meistens Samstag.«

Ich rief meine Freundin Chiara in Montecantini an, von der ich wusste, dass sie noch früher aufstand als wir.

»Bei uns ist alles tot«, sagte ich. »Habt ihr Strom?«

»Ja. Alles prima.«

»Das ist ja komisch. Bei uns funktioniert nichts.«

»Ruf doch den Elektriker an, in so einem Fall muss er ja kommen. Ihr könnt doch nicht das ganze Wochenende ohne Strom, Heizung und Wasser rumsitzen!«

Für die dusslige Telefoniererei war immer ich zuständig. Normalerweise konnte ich ohne Kaffee am Morgen noch nicht italienisch sprechen, aber es ging ja nicht anders. Die Kaffeemaschine funktionierte schließlich auch nicht.

Ich tätigte den Katastrophenanruf, und unser ständiger Besucher, Elektriker Francesco, versprach zu kommen.

Wir kochten Tee mit Mineralwasser auf dem Gasherd und frühstückten zumindest notdürftig. Um elf war

Francesco bereits da, und ich hätte ihn küssen können, so erleichtert war ich.

Zwei Stunden lang versuchte er den Fehler zu finden, baute den gesamten Sicherungskasten ab, fummelte an Hunderten von bunten Kabeln herum, untersuchte die unterschiedlichsten Sicherungskästen, die überall auf dem Grundstück verteilt waren, maß alles durch, wurde immer hektischer und verzweifelter, telefonierte wild in der Gegend herum und holte sich Rat von Kollegen, und fuhr noch einmal hinunter zum Tor, ob nicht doch dort …

… und dann sah er es: Unsere Stromleitung, die bis zum Stromhäuschen an Masten übers Grundstück geführt wurde, qualmte. An unzähligen Stellen.

Da hatte die fröhliche Jägerschar seit Sonnenaufgang munter auf Tauben und andere Vögel gezielt und dabei so ganz nebenbei auch unsere Stromleitungen zerschossen und durchlöchert. Natürlich hatten sie es gemerkt, aber es war ihnen wurscht. Wahrscheinlich waren sie sauer, dass wir nun einen Zaun hatten und sie nicht mehr unser ganzes Grundstück bejagen konnten.

In den Augen der Jäger war das unsere gerechte Strafe.

»Tut mir echt leid«, sagte Francesco, »aber ich kann euch nicht weiterhelfen. Die Leitungen sind Eigentum der ENEL, die müssen neue ziehen, da darf ich nicht ran, und da kann ich nichts machen.«

Das leuchtete uns ein, aber jetzt waren wir echt gekniffen. Am Wochenende kam keiner, so viel war klar, und ob die am Montag nichts Besseres vorhatten, als gleich zu uns zu kommen, stand in den Sternen und konnte ich mir eigentlich auch nicht vorstellen.

Aber oh Wunder! Am Dienstag kamen sie schon und reparierten vier Tage lang. Sie turnten auf langen Leitern herum und zogen durch Wald und Flur und über unser Grundstück neue Leitungen. Man muss sich mal überlegen, was das die Allgemeinheit kostete! Und wir waren sieben Tage ohne Wasser, ohne Heizung, ohne Strom.

Grazie, cacciatori! Danke, Jäger!

Es gibt verschiedene Arten der Jagd, zum Beispiel die, bei der der einsame Italiener höchstens in Begleitung eines Freundes oder seines Sohnes im Morgengrauen allein loszieht und darauf hofft, dass ihm irgendein ahnungsloses Reh, Wildschwein oder ein fröhlicher Hase aus Versehen ganz von selbst vor die Flinte läuft.

Diese Art von Jäger sitzt stundenlang irgendwo im Gebüsch und wartet und wartet und stört den großen Geist nicht. Denn so doof sind die Tiere nicht, sie kommen nicht mal eben vorbei. Schließlich haben sie Nasen und riechen die Gefahr.

Zumal sich die Jäger auch nach ein paar Stunden, wenn sie total durchgefroren sind, ein gemütliches kleines Feuerchen machen, um dort ganz beschaulich ihre mitgebrachten Brote und vorzugsweise Mandarinen zu verzehren, deren Schalen sie gern in der Gegend herumliegen lassen. Das ist ein altes toskanisches Zeichen: Hier hat ein Jäger gesessen.

Ab und zu schießen sie aus lauter Langeweile in die Luft oder gegen ein Schild, auf dem »Jagen verboten« steht. Auch Sonnenkollektoren und Wegweiser sind beliebte Ziele.

Normalerweise sind die Einzeljäger harmlos, weil sie eh nichts treffen. Weil ihre kleinen Jagdhunde in der Gegend herumspringen, fröhlich kläffen und jegliches Wild verscheuchen. Dieses »Jagen« ist einfach nur ein Spaziergang mit einem Gewehr.

Und diese Jäger sind in der Regel auch alles andere als Helden. Ich glaube, sie haben mehr Angst als Vaterlandsliebe und hoffen wahrscheinlich im Wald jedes Mal, dass ihnen nicht wirklich einmal ein wildgewordener Keiler begegnet.

Eines Morgens gingen wir mit unserem Bernhardiner spazieren. Er war herzensgut, gemütlich, sehr schlank, aber dennoch unglaublich verfressen. Aber so sind wahrscheinlich alle Hunde.

Der Bernhardiner trabte fröhlich voraus, wir unterhielten uns und kamen nur sehr langsam nach, weil das Bergauflaufen verdammt anstrengend war. Eigentlich wunderten wir uns schon, dass Camillo sich so lange nicht hatte blicken lassen, und nach einer Kurve sahen wir auch, warum.

Camillo verschlang gerade einige Brote, Salami und ein Stück Pecorino.

Wir blickten uns um. Niemand zu sehen.

Wo hatte der Bernhardiner die belegten Brote her?

Und dann entdeckten wir zwei vollkommen verschüchterte Jäger auf dem Baum, direkt über unserem lieben und sanftmütigen Hund.

Ihre Gewehre lagen am Boden, offensichtlich waren sie in Panik auf den Baum geflüchtet.

Wir hätten uns ausschütten können vor Lachen, doch die beiden Helden auf dem Baum fanden das Ganze weniger komisch.

Jedenfalls sammelten wir unseren Hund ein und dankten dem Himmel, dass die beiden Bewaffneten unser riesiges, aber überaus zärtliches Haustier nicht in einem Anflug von Panik erschossen hatten.

Wir erklärten den Baumgeistern die Situation und trollten uns.

Mit solchen Zeitgenossen könnte ich leben, aber nicht mit denen, die mit Vogelkäfigen im Wald aufkreuzen, sie in die Bäume hängen, durch das Gezwitscher der eingesperrten Vögel andere anlocken und dann abknallen.

Zumal ich mich frage, was an einem so armseligen Vogel zu essen ist. Nichts! Und besonders regen mich die Typen auf, die nur aus Spaß an der Freude auf Vögel schießen und sich noch nicht einmal die Mühe machen, die armen toten Viecher einzusammeln.

Im Herbst und Winter kann ich über den allgemeinen Irrsinn nicht mehr lachen, da hilft mir auch mein Humor nicht mehr weiter.

Mit den Treibjagden geht es dann richtig los.

Da herrscht Krieg.

Heerscharen fallen im Wald ein, als würde auf einer Lichtung zwischen zwei verschlafenen italienischen Bergdörfern Eros Ramazotti auftreten. Auf Straßen und Feldwegen, die ein Italiener normalerweise nur unter Androhung der Todessstrafe befährt, geht plötzlich nichts mehr. Stau. Verkehrschaos. Zig Autos quälen sich die Berge hoch, jeder Meter ist zugeparkt.

Man erkennt sein stilles, einsames Land nicht mehr.

Jäger stehen herum, reden und rauchen. Öffnen ihre Kofferräume und lassen ihre Hunde frei, die zahlreich aus winzigen Boxen springen. Treiber mit Westen in grellroter Leuchtfarbe machen sich auf den Weg, die Vorbereitung der Aktion dauert allein zwei bis drei Stunden.

Und dann geht es los. Ich war nie dabei, weil ich mich fürchte und grusle und weil mir die armen Tiere von Herzen leidtun, die da aufgeschreckt, in die Enge getrieben und abgeschossen werden.

Es ist die Hölle. Denn die Treiber brüllen so furchtbar, dass es einem Angst macht. Diese aggressive »Ho-Ho-Schreierei« fährt einem durch Mark und Bein. Und jeder Brüllaffe glaubt plötzlich zum tollen Kerl zu mutieren. Was für eine Leistung, die verschüchterten Tiere zusammenzuscheuchen und abzuknallen.

Irgendwann hört man dann nur noch in Todesangst quietschende Schweine, Schüsse und Siegesgeheul.

Und das Ganze dauert Stunden.

Haben sich die Jäger gegen neun Uhr morgens im Wald versammelt, ist das Spektakel erst am frühen Nachmittag zu Ende. Auf den Jeeps und in den kleinen Allrad-Fiats werden dann die Tiere abtransportiert und wie Trophäen öffentlich präsentiert.

Als wir unser Haus gerade erst bezogen hatten und unser Grundstück noch nicht eingezäunt war, war die Situation unerträglich.

An einem frischen klaren Herbstmorgen – ich stehe immer spätestens um sieben Uhr auf – trat ich aus dem Haus und blickte direkt in den Lauf einer Flinte. Auf unserer Terrasse stand ein besonders dreister Jäger.

Dieses nahe Jagen am Haus ist zwar verboten, interessiert die Jäger aber herzlich wenig.

Ein anderes Mal ging ich hinters Haus, um die Wäsche aufzuhängen, und sah, dass in zwanzig Metern Entfernung ein Mann mit Gewehr hinter einem Busch kauerte.

So eine Situation ist nicht angenehm. Und man fragt sich, vor wem sich der Jäger in unmittelbarer Nähe des Hauses, wo Menschen ein und aus gehen und Hunde herumlaufen, versteckt.

Damals gab es zahlreiche verlassene Jagdhunde auf unserem Grundstück, die verzweifelt ihre Herrchen suchten, von denen jedoch offensichtlich überhaupt nicht vermisst wurden. Fast verhungert und verdurstet rannten sie Zuflucht suchend in unser Haus, was unsere eigenen Hunde – wie man sich vorstellen kann – überhaupt nicht witzig fanden.

Wir sperrten also unsere eigenen Hunde weg und versuchten, die Besitzer zu erreichen, sofern auf dem Hundehalsband eine Telefonnummer stand.

Wenn dann der Besitzer kam, waren da weder Dankbarkeit, dass wir das arme Tier aufgegriffen hatten, noch Freude, dass der Hund wiedergefunden war, zu spüren.

Das machte alles keinen Spaß, doch nachdem wir unser Grundstück eingezäunt hatten, wurde es besser.

Auf einem eingezäunten Grundstück ist man auch zur Jagdzeit relativ sicher, aber liebe Urlauber und Italienreisende, die ihr im Spätherbst wandern oder zur Weinlese und Olivenernte kommen wollt: Lasst es lieber bleiben oder seid sehr, sehr vorsichtig. Ich habe selbst erlebt, wie mir auf einem Wanderweg das Schrot über den Kopf prasselte. In italienischen Wäldern ist es zur Jagdzeit gefährlich. Jedes Jahr erschießen sich einige Jäger aus Versehen gegenseitig, das ist ihr »Berufsrisiko«, aber man glaubt es kaum: Auch als harmloser Spaziergänger kann man leicht erschossen werden.

ICI oder IMU

Ein Gespenst geht um in Italien, das jeder fürchtet, das alle füttern müssen, das aber keiner genau kennt: ICI (*imposta comunale sugli immobili*), die italienische Grundsteuer, die jeder Haus- oder Wohnungseigentümer zweimal im Jahr bezahlen muss.

Als wir unser Haus fertiggebaut hatten, gingen wir zu unserem Geometer, aber der war nicht in der Lage, die ICI exakt auszurechnen, also warteten wir einen Tag lang geduldig auf dem Flur des Amtes, das für die ICI zuständig war.

Schließlich rief uns eine blondgefärbte Endfünfzigerin mit tiefschwarzem Haaransatz in barschem Befehlston herein. Das kann ja heiter werden, dachte ich und lächelte tapfer. Vielleicht war der blonde Besen ja auch gar nicht so schlimm, wie er aussah.

Wir hatten natürlich alle Papiere dabei, was wir zum Thema »Haus« im Lauf der Zeit gesammelt hatten, denn die Erfahrung hatte uns schon zu Beginn unseres Lebens in Italien gelehrt, dass man auch mit einem Lastwagen voller Aktenordner zur Behörde kommen kann – es fehlt immer etwas.

Sie wühlte sich lustlos und genervt durch die Papiere und redete überhaupt nicht mit uns. Mir war es recht. So konnten wir wenigstens nichts falsch verstehen. Aber sie vermittelte uns den Eindruck, dass sie ihren Job, ihr Dasein, Italien, diesen ganzen Papierkrieg und deswegen natürlich auch uns abgrundtief hasste.

Schließlich hämmerte sie auf der Tastatur herum, und der Drucker spuckte ungefähr zehn Seiten Tabellen, Paragrafen, Verordnungen, Berechnungen und Erklärungen aus, die mich überhaupt nicht interessierten. Ich wollte nur wissen, was wir alle halbe Jahre bezahlen mussten, und fertig.

Schließlich bekamen wir einen Preis X genannt und gingen jubelnd nach Hause. Das Leben in Italien war doch wirklich supereinfach. Gut, man musste immer überall hinrennen – aber was soll's. Jetzt hatten wir einen vom blonden Besen ausgefüllten Einzahlungsschein, und den mussten wir einfach nur alle halbe Jahre genauso abmalen. *Senza problemi.* Kein Problem.

Die ICI war immer zum 15. Juni und 15. Dezember eines Jahres fällig. Und der aufmerksame Leser weiß inzwischen, dass man drei Tage vor dem 15. Juni oder 15. Dezember die Postämter am besten weiträumig umfährt, denn ganz Italien bezahlt die Grundsteuer bar und sitzt in der Post.

Da der Italiener an sich dem Staat nicht das Schwarze unterm Nagel gönnt und keinen Tag zu früh bezahlen will, schiebt er das Geld am liebsten fünf Minuten vor Ablauf der *scadenza,* der Frist, über den Schalter. Jede Verspätung kostet eine *multa.*

Wir wollten es im Juni ganz schlau anstellen und schon zwei Wochen vorher bezahlen.

Klaus malte wie immer die Formulare ab, und wir traten den schweren Gang in die Post an. Die Warterei hielt sich mit zwei Stunden sogar in Grenzen.

»Wir möchten die ICI bezahlen«, sagten wir.

Der Frischgeduschte nickte stumm und schicksalsergeben, denn wahrscheinlich dachte er in diesem Moment daran, was sich in seiner kleinen Poststation in den kommenden zwei Wochen abspielen würde, und tippte das gesamte Formular in den Computer ab.

Er schüttelte den Kopf. Irgendetwas stimmte nicht.

»Der Computer nimmt es nicht an«, sagte er und tippte alles noch einmal neu. Und es war verdammt viel, was er eingeben musste.

Dann wartete er, seufzte und stöhnte.

»Es geht nicht«, meinte er erneut. »Wahrscheinlich stimmt Ihre *codice*, Ihre persönliche ICI-Nummer, nicht.«

Wir waren ja durch nichts mehr zu erschüttern. Schon gar nicht durch so ein kleines, alltägliches Computerproblemchen.

»Die *codice* ist immer dieselbe«, sagte ich. »Seit Jahren.«

»Sehen Sie hier!« Klaus hatte in weiser Voraussicht natürlich wieder den ganzen Aktenordner mitgeschleppt und konnte so beweisen, dass er die *codice* richtig abgeschrieben hatte.

Der arme Schalterbeamte schüttelte ungläubig den Kopf und gab den ganzen Quatsch noch einmal in den Computer ein, aber wieder kam die Fehlermeldung, die er uns jetzt sogar zeigte.

Wir bedankten uns artig, sagten »da kann man nichts machen« und verließen die Post.

»Dieser Postcomputer hier in Castellino taugt einfach nichts«, sagte ich zu Klaus im Auto. »Der ist doch schon x-mal abgestürzt und ist alle naselang kaputt. Komm, wir probieren es in Bucine.«

Ohne weiter darüber zu sprechen waren wir übereingekommen, dass dies heute ein fröhlicher Post-Tag war, den wir in Postämtern verbrachten, aber es war ja nicht zu ändern. Die Sache mit der ICI musste erledigt werden.

In Bucine und San Giovanni, wo wir es auch noch probierten, das gleiche Spiel: Die Computer streikten und sendeten überall eine identische Fehlermeldung.

Also lag das Problem nicht an den Schrottcomputern, sondern ganz woanders.

Noch am selben Tag schrieben wir einen freundlichen Brief an die *comune*, dass es uns leider nicht möglich sei, die ICI zu bezahlen, da wohl augenscheinlich unsere Identifikationsnummer geändert worden sei, und baten sie, uns neue Überweisungsformulare und die neue *codice* zu schicken.

Drei Wochen lang passierte gar nichts. Wir bekamen auch keinen Rückantwortschein, und inzwischen war die Frist für das Bezahlen der ICI längst abgelaufen.

»Es ist wie immer in Italien, die stellen sich tot«, sagte ich zu Klaus.

Er grunzte nur.

Wir warteten weitere zwei Wochen, dann reichte es mir, und ich fuhr zum Amt.

Der Besen war umgezogen, teilte sich jetzt ein größeres Büro mit drei anderen und ignorierte mich, was mir sehr lieb war.

Freundlich lächelnd kam ein Mann auf mich zu, der sehr groß, schlank und blond war (bei der ICI waren offensichtlich alle blond) und überhaupt nicht wie ein Italiener aussah, sondern eher wie der kühle Recke aus dem Hohen Norden. An meinen Brief konnte er sich aber noch sehr gut erinnern. Kunststück, wo in Italien auf dem Dorf nur die wenigsten schreiben konnten und selbst ein Amt nur alle Jubeljahre mal Post bekam.

Er erklärte mir, dass sich, seit Monti an der Regierung war, in Italien alles verändert hätte. Natürlich auch die ICI. Und das sei auch für ihn kein Spaß, das könne ich ihm glauben.

Ich glaubte ihm, und seine sorgenvolle Miene fand ich direkt sympathisch.

»Signora, das System ist jetzt ganz anders. Es heißt jetzt nicht mehr ICI, sondern IMU – *imposte municipale unica.* Alles ist neu, alles ist anders, alles ist durcheinander, und alles ist teurer.«

»Aha. Wie schön.«

»Sie bekommen eine neue *codice,* eine neue Berechnung, ein neues Formular und eine neue zu zahlende Summe.«

Ich wunderte mich über nichts mehr. »Nun gut, dann rechnen Sie mir bitte aus, was ich bezahlen muss, und ich erledige das gleich hier.«

»Sofort hier können Sie nicht bezahlen, da müssen Sie zur Post gehen, aber ich kann Ihnen ausrechnen, was es kostet.«

Gern tat er es nicht, denn er seufzte, als er aus dem Zimmer ging.

Eine geschlagene Viertelstunde passierte nichts. Ich saß auf meinem Stühlchen, schimmelte vor mich hin und beobachtete die drei Eifrigen, die noch im Raum waren. Der Besen würdigte mich keines Blickes. Wahrscheinlich war sie in dieses Zimmer strafversetzt worden und haderte nun erst recht mit der Welt. Die anderen beiden starrten auf ihre Bildschirme, bewegten sich nicht und sagten nichts. Telefonierten noch nicht einmal. Es war regelrecht unheimlich.

Die Papierberge auf jedem einzelnen Schreibtisch konnte man in diesem Leben wohl nur noch bewältigen, indem man sie in Flammen aufgehen ließ, und dementsprechend resigniert waren alle.

Und im Raum schwebte der Hass auf Montis Credo: »Wir machen jetzt alles anders.«

Die Warterei machte mich ganz kribbelig, und kein italienischer Leidensgenosse betrat das Büro. Ja, wo waren die andern denn alle, die bestimmt auch Probleme mit ihrer IMU hatten?

Irgendwann erschien dann der blonde Recke wieder, den ich schon verdächtigt hatte, einen Kaffee trinken gegangen zu sein, mit einem Stapel Papier in der Hand. Bestimmt dreißig Seiten. So viel Aufwand für ein armseliges Häuschen von zwei Menschlein.

»*Allora*«, trompetete er und knallte den Stapel auf zig andere Stapel, und ich fragte mich, ob er meinen Stapel auch komplett wiederfinden würde. (Aber man darf sich nicht sämtliche italienischen Köpfe zerbrechen. Dann wird man verrückt.)

»Sie zahlen ab jetzt beziehungsweise ab dem 15. Juni die Summe XY, dazu eine *multa* in Höhe von Z, macht zusammen XYZ.«

Augenblicklich brannten bei mir alle Sicherungen durch.

»Wie bitte?«, fragte ich und wusste, dass ich jetzt furchterregend streng aussah, »der Betrag XY ist dreimal so hoch wie sonst!«

Der Recke zuckte die Achseln. »Monti«, erklärte er. »Monti hat die Grundsteuer erhöht. Heftig. Ich weiß.«

Ich schluckte. »Und warum soll ich eine *multa* zahlen, wenn sich alles geändert hat, wenn es mir gar nicht möglich war zu zahlen und obwohl Sie mich nicht mal informiert haben?«

»So ist das nun mal, Signora. Wer zu spät zahlt, zahlt drauf. Und wir konnten schließlich nicht an Tausende

Haushalte Briefe verschicken.« Er ließ seinen Blick zur Erklärung durch die karge, armselige Schreibstube wandern. »Wie soll das denn gehen?«

»Ich kann mir gut vorstellen, dass das nicht geht«, meinte ich schon wesentlich milder und betrachtete voller Mitleid die Bildschirme, die fünfzig Zentimeter dick waren und aus der Steinzeit stammten. »Aber Sie können mir doch nicht eine *multa* aufbrummen, weil Sie nicht in der Lage sind, zu informieren!«

»Doch!« Er nickte heftig. »Doch, das kann ich. Denn so ist das Gesetz. Und ich kann die Gesetze nicht ändern. Außerdem muss sich der Staat ja auch irgendwie finanzieren.«

Der Recke war mir wirklich sympathisch. Obwohl er mir diesen Wahnsinn unterjubeln musste. Ich weiß nicht, wie ich reagiert hätte, wenn mir der Besen dies alles entgegengeschleudert hätte. Aber der Besen schwieg, tat beschäftigt und träumte wahrscheinlich von einem Urlaub auf Capri.

Resigniert stand ich auf und reichte dem Recken zum Abschied die Hand.

»Ach, Signora«, hielt er mich auf. »Was die ICI im Dezember betrifft: Bezahlen Sie auf keinen Fall den ICI – ich meine, den IMU-Preis, den ich Ihnen heute ausgerechnet habe. Monti will am 7. Dezember die Grundsteuer nochmals neu festlegen. Wahrscheinlich wird sie erneut extrem erhöht. Und am 15. Dezember ist die IMU fällig. Sie können also nur in dieser einen Woche bezahlen.«

Ich sah Grausiges auf mich zukommen. »Und wie erfahre ich, wie viel ich bezahlen muss?«

»Hier. Hier bei mir im *ufficio*. Anders geht es nicht.«

»Aber dann stehen ja hier in der Woche zwischen dem

7. und 15. Dezember Hunderte von Leuten und wollen ihre IMU ausgerechnet haben?« (Und wie schnell das ging, hatte er mir ja gerade demonstriert.)

»Nein, Signora«, sagte er grinsend. »Das sind nicht Hunderte, das sind Tausende.«

Dazu fiel mir nichts mehr ein.

Ich verabschiedete mich und ging.

Zu Hause erzählte ich Klaus die ganze Geschichte. Er hörte nur stumm zu.

»Eins ist ganz klar«, sagte ich, »auf gar keinen Fall gehen wir zwischen dem 7. und 15. Dezember mit unseren Schlafsäcken ins *ufficio* und verbringen dort drei Tage und Nächte auf dem Linoleum-Flur, nur um zu erfahren, dass Monti die Grundsteuer nochmal verfünffacht hat. Lieber nehmen wir die *multa* in Kauf.«

»*Multa grazie, Italia*«, sagte Klaus und grinste.

Eine Woche später dackelte ich zu unserer Versicherung, die Auto, Haus und Hof und Wald und was nicht alles von uns versichert hatte.

»Unsere IMU hat sich verdreifacht«, begann ich das Gespräch. »Bei euch auch?«

»Ja, klar«, sagte die Versicherungsfrau, von der ich wusste, dass sie und ihre Familie einige Immobilien besaßen. »Eine Sauerei.«

»Und wie habt ihr erfahren, wie viel ihr bezahlen müsst?«, fragte ich.

»Gar nicht. Wir sind nicht zur *comune* gegangen, weil wir nicht bezahlen. Und unsere Freunde und Nachbarn auch nicht.«

Ich glaube, mir stand der Mund offen. Darum hatte ich also allein im *ufficio* gesessen. »Und die *multa*?«, fragte ich.

»Die *multa* ist immer gleich. Ob man zwei Wochen oder fünf Monate zu spät zahlt. Und wer weiß, ob Monti in fünf Monaten noch an der Regierung ist. Ich glaube es jedenfalls nicht. Und da werden wir doch nicht so blöd sein und jetzt schon bezahlen!«

Das war also die italienische Art, die Probleme auszusitzen und das Übernachten in der Comune zu umgehen.

Im darauffolgenden Dezember drohte wieder die IMU, und wir waren doch noch nicht so abgebrüht und lässig, wie wir es eigentlich vorgehabt hatten, denn in uns regte sich der dringende Wunsch, fristgerecht zu bezahlen.

Aber diesmal wollten wir es schlauer anstellen und nicht ins *ufficio* der *comune* rennen, sondern lieber unseren Geometer aufsuchen, der die IMU inzwischen auch nicht mehr mit Bleistift auf einem Schmierzettel ausrechnete, sondern den Computer zu Hilfe nahm.

»Hier«, sagte er und schaltete den Computer ein, »es ist ganz leicht. Ich zeig dir, wie's geht, dann könnt ihr ab jetzt zu Hause im Internet selbst rauskriegen, wie viel IMU fällig ist.«

Ich war fassungslos über so viel Fortschritt!

»Also, du gehst auf die Seite der *comune,* dann klickst du *tributi* an, dann *valutazione e merito* und schon stehen da die Prozente. Sieben Prozent, das kommt für euch nicht in Frage, aber hier: vier Prozent vom *rendito* fürs große Haus und fünf Komma fünf Prozent fürs kleine. Jeder von euch zahlt die Hälfte, da euch alles gemeinsam gehört.«

Ich bedankte mich und ging beschwingt nach Hause. Das war ja gar nicht so viel, wie ich befürchtet hatte. War die IMU jetzt billiger geworden?

»Das schaffen wir, Klaus, das schaffen wir! Ab jetzt wird alles ganz einfach.«

Am Abend rief der Geometer an. Er war ganz kleinlaut, bat tausendmal um Entschuldigung und warnte uns, auf gar keinen Fall die IMU zu bezahlen. Die Zahlen seien alle falsch. »Die sind fünf Jahre alt«, brüllte er ins Telefon, und ich hielt den Hörer ganz weit weg, »die *comune* hat die Internetseite noch nicht aktualisiert.«

»Seit fünf Jahren nicht«, stöhnte ich.

»Booccch«, kommentierte er.

»Und was müssen wir jetzt bezahlen?«

»Ich weiß es nicht«, meinte der Geometer, »keiner weiß es. Man muss zur *comune* gehen und fragen.«

»Weißt du, wie viele Leute da jetzt fragen wollen?«

»Ich ahne es«, sagte er und legte auf.

Also beschlossen wir, es so zu machen, wie wir vorgehabt hatten: bis Januar warten, dann zur *comune* gehen und die *multa* bezahlen. Oder bis März warten, dann waren die Neuwahlen vorbei, und wer weiß, vielleicht war ja dann das, was die *comune* mitgeteilt hatte, auch schon wieder hinfällig.

Eins noch zum Mitschreiben und zum Merken: Wer in Italien etwas an eine Behörde bezahlen muss, bekommt irgendwann einen Bescheid mit der Summe X und hat dann dreißig Tage Zeit, die Summe zu überweisen.

Klingt gut, funktioniert aber nicht. Für die Überweisung braucht man nämlich eine spezielle Code-Nummer *(codice)*, damit die Behörde die Zahlung zuordnen kann. Da die Behörde permanent überlastet ist, bekommt man die *codice* meist erst *nach Ablauf* der Zahlungsfrist. Man hat also nicht die geringste Chance, pünktlich zu bezahlen, bekommt aber trotzdem eine Strafe von 100 Prozent Aufschlag.

So absurd ist das Rechtssystem in Italien. Der Bürger ist vollkommen fassungslos und bekommt regelrecht Angst, weil er weiß, dass es auch keinen Anwalt gibt, der es wagt, gegen die Ungerechtigkeit des Staates vorzugehen.

»So ist das eben. So ist das italienische Gesetz«, hört man von Anwälten. »Du kannst gegen deinen Nachbarn klagen, aber niemals gegen den Staat. Halt deine Klappe und bezahle, sonst wird es noch viel schlimmer.«

Es ist kaum zu glauben, aber uns ist dies selbst zweimal passiert. Von unserem Anwalt ernteten wir nur ein hilfloses Achselzucken.

Ist es da ein Wunder, dass sich die Italiener nicht mehr mit ihrem Staat identifizieren? Er lässt ein Volk hilflos zurück, das sich nicht wehren kann.

Da blickt keiner mehr durch

Da wir auf unserem Grundstück einen Waldarbeiter brauchten, gingen wir als brave Deutsche natürlich hin und meldeten ihn an. Schließlich will man nichts falsch machen, will nicht, dass irgendjemand auf dem Grundstück schwarzarbeitet, will auf gar keinen Fall Ärger haben.

Der erste Gang führte uns zur *comune*, weil uns sonst nichts Besseres einfiel. Aber da winkte man nur genervt ab. »Hier bitte nicht. Ach, du lieber Himmel, bitte bloß nicht! Gehen Sie um Gottes willen zu Ihrem Steuerberater, der macht das.«

Also besuchten wir wieder unsere *commercialista*, Signora Panini.

Sie begrüßte uns wie alte Freunde, die sie ewig nicht gesehen hat, und wir erklärten ihr unser Anliegen und legten ihr die Papiere des Waldarbeiters auf den Tisch.

Signora Panini sah uns an, als hätten wir den Verstand verloren. Wer in Italien einen Arbeiter offiziell anmeldet, musste wirklich nicht alle Tassen im Schrank haben.

Das sagte sie uns natürlich nicht, aber wir kamen uns bereits jetzt doof vor.

Und dann ging der Irrsinn los. Signora Panini fragte uns Löcher in den Bauch: Wie der Mann hieß, wo er wohnte, wo er geboren war, seit wann er bei uns arbeitete, wie lange er bei uns arbeitete, pro Tag, pro Woche, pro Monat.

Da wurde es schon schwierig, denn ein Waldarbeiter geht nach Hause, wenn es schüttet, wenn es schneit oder die Sommerhitze unerträglich ist. Außerdem ist er mal krank, mal in Urlaub, muss Tante Luisa besuchen oder muss zu Hause bleiben, weil sein Kind die Masern hat. Und wenn er nicht arbeitet, verdient er auch nichts. So einfach ist das.

Eine Prognose ließ sich also schlecht erstellen. Schließlich waren wir alle keine Hellseher.

Die *commercialista,* die vom Brüten über den Akten einen Buckel bekommen hatte, nickte, als wollte sie sagen: Dieses Theater habe ich jedes Mal, und füllte schweigend seitenweise Formulare aus. Dann gab sie eine geschlagene halbe Stunde irgendetwas in den Computer ein. Danach druckte sie fünfzig Seiten aus, ging hinaus und ließ den Fotokopierer leiden, der noch einmal dieselbe Menge ausspuckte.

Schließlich saßen wir vor einem Haufen Papier und mussten unzählige Seiten unterschreiben. Jeder mindestens zehn. Und wir hatten nicht die leiseste Ahnung, was wir da unterschrieben.

Aber so ging es uns ja immer.

Dann bekamen wir Kopien und Durchschriften für uns, für unseren Arbeiter, fürs Arbeitsamt, für die USL (Gesundheitsamt), für die *comune,* und die Steuerberaterin stopfte sich das Original in eine überfüllte Schublade.

Schließlich erfuhren wir, was wir an Steuern und Sozialversicherung bezahlen mussten. Und Signora Panini warnte uns auch, dass Urlaubs- und Weihnachtsgeld fällig werden würde. Und das nicht zu knapp, denn in Italien gibt es ein dreizehntes und vierzehntes Monatsgehalt.

Im Vergleich zum Verdienst des Arbeiters erschien uns die Summe der Nebenkosten, die wir jetzt bereits abdrücken sollten, sehr hoch, aber wir sagten nichts, einfach, weil wir nicht mehr konnten. Wir wollten nur noch weg. Als wir nach Hause fuhren, waren wir fix und fertig, aber gut gelaunt. Es war geschafft. Unser Arbeiter war angemeldet. Wir mussten ihn nur noch unterschreiben lassen und den ganzen Schwung Signora Panini zurückbringen.

Ende des ersten Monats mussten wir wieder ins Steuerbüro. Da wir jetzt erst wussten, wie lange der Arbeiter gearbeitet hatte, wurde für diesen Monat alles neu berechnet, neu ausgedruckt, wir mussten zur Post und den Arbeitgeberanteil abdrücken, das Ganze vom Arbeiter unterschreiben lassen, ihn bezahlen, uns dies quittieren lassen und den gesamten Kram wieder zur *commercialista* schicken.

»Dieses Theater ertrag ich nicht jeden Monat«, sagte ich zu Klaus, »das ist ja Wahnsinn! Man kommt zu nichts anderem mehr, verliert jeden Monat mindestens zwei Tage und sieht die Panini öfter als den Arbeiter, um den es geht.«

»So ist das«, sagte Klaus und zuckte die Achseln.

Also machten wir diesen Zirkus zähneknirschend mit, fragten uns allerdings, ob wir verrückt sind, denn die enormen Nebenkosten machten aus unserem Waldarbeiter einen hochbezahlten Facharbeiter.

Bis der Facharbeiter erheblich aus der Reihe tanzte. Er kam nicht mehr pünktlich, machte dreimal in der Woche durch Unachtsamkeit und Ruppigkeit irgendeine Maschine kaputt, war unzuverlässig und bewegte sich nur noch, wenn man ihn beobachtete und kontrollierte. Mit einem Kabelbinder hatte er den Gaszug der Motorsense festgestellt, so dass es sich anhörte, als würde er arbeiten.

Ansonsten lag er im Gras und schlief oder hing süßen Träumen nach.

Klaus meinte daraufhin, er bräuchte wohl mal eine längere Pause, um zu sich zu kommen. Er legte ihm nahe, zwei Monate nicht zu arbeiten. Danach könnte man es ja wieder miteinander probieren, wenn er den Wert und die Wichtigkeit seiner Arbeit erkannt hätte.

Bereits einen Tag später bekamen wir Post von der Gewerkschaft, die Androhung eines Prozesses und die Einladung zu einer Anhörung bei einer Schlichtungsstelle.

Was war das denn nun schon wieder? Und seit wann reagierte die italienische Bürokratie so schnell? Da wir völlig verwirrt waren, rannten wir zur *commercialista* und fragten, was Sache sei. Sie erklärte uns, dass man in Italien eine Kündigung nur *schriftlich* formulieren und niemals dem Betroffenen direkt sagen dürfe. Allein dieser Fehler koste zweitausendfünfhundert bis fünftausend Euro Strafe.

Was war denn das für ein aberwitziges Gesetz, verdammt noch mal?

Und wir erfuhren noch mehr. Wir mussten dem Arbeiter eine Abfindung zahlen. Und zwar in jedem Fall: Auch wenn der Arbeiter selbst kündigte, weil er einen besseren Job gefunden hatte, oder wenn er silberne Löffel gestohlen hatte. Oder weil er vielleicht ein neues Auto brauchte. Einen Monatslohn für jedes Jahr.

Wir einigten uns am Ende mit unserem Arbeiter und kamen mit einem blauen Auge davon. Aber wundert sich noch irgendjemand darüber, warum in Italien die Schwarzarbeit blüht?

Freunde von uns, die mehrere Häuser vermieten, ließen mal eine Putzfrau zwei Tage zur Probe arbeiten. Da sie sich als Schlampe erwies, bezahlten sie sie und schickten sie nach

Hause. Die Putzfrau rannte sofort zur Gewerkschaft, es gab eine Anzeige, denn auch eine halbe Stunde Probearbeiten ist schon eine »feste Anstellung«, und unsere Freunde mussten für diesen Spaß sechstausend Euro Strafe zahlen.

So ist das. Wie man's macht, ist es verkehrt, und man ist in jedem Fall verraten und verkauft.

Die Krise hat Italien fest im Griff. Die Preise sind explodiert, für Lebensmittel, Gebrauchsgüter, Kleidung, für Dienstleistungen und für Strom, Gas oder Benzin bezahlt man wesentlich mehr als in Deutschland, manchmal sogar ein Vielfaches. Die Jugendarbeitslosigkeit liegt bei knapp vierzig Prozent, viele Familien wissen nicht, wie sie sich über Wasser halten sollen.

Aber solange die Arbeit offiziell sein soll, findet man so gut wie keinen Arbeitswilligen. Dagegen sind die meisten gerne bereit und von der Möglichkeit begeistert, am Wochenende als »amico« gegen Bezahlung zu helfen.

Wenn man aber darauf eingeht, begibt man sich in die Hand des Schwarzarbeiters und kommt in Teufels Küche.

Denn wenn sich der amico ärgert, geht er einfach hin, zeigt seinen Arbeitgeber an, und schon läuft die Maschinerie auf Hochtouren. Es hagelt Strafen für den Arbeitgeber, und das sind nach wenigen Monaten leicht zigtausend Euro. Der Arbeiter geht immer straffrei aus – so steht es im italienischen Gesetz.

Aus dem Dilemma gibt es nur einen Ausweg: Man muss alles selber machen und darf niemanden mehr beschäftigen.

Mit den Müllgebühren war es früher so: Da ging man zur comune und sagte: »Liebe Freunde, wir sind zwei oder vier oder was weiß ich wie viele Personen, wir haben ein Haus, nur eine Wohnung oder nur eine *capanna*, eine Hütte oder eine Hundehütte. Rechnet mal bitte aus, was wir für den Müll bezahlen müssen.«

Dann wälzte die *comune* alle Pläne, rechnete ein paar Wochen, aber schließlich bekam man den Bescheid, was man zu zahlen hatte, wobei sich die Summe nach den Personen und nach der Entfernung zur nächsten Mülltonne richtete.

In Italien wird der Müll nicht bei jedem Haus abgeholt, sondern überall an den Straßen in und vor den Dörfern stehen Container für Glas und Plastik, für Papier und Normalmüll, in die jeder Bürger seinen Abfall werfen kann. Wenn man nun im Ort wohnt und die Mülltonnen direkt vor der Nase hat, zahlt man mehr, als wenn man isoliert im Wald wohnt und erst ein paar Kilometer fahren muss, um die nächste Mülltonne zu erreichen.

Dieses System funktionierte einwandfrei, in der Regel waren die Müllplätze sauber und die Tonnen meist geleert. Wir waren zufrieden. Zahlten den von der *comune* errechneten Betrag und Ende.

Aber dann ging auch auf diesem Gebiet das Affentheater los.

Man zitierte uns zur *comune* und sagte uns, dass sie jetzt erst registriert hätten, dass auf unserem Grundstück ja zwei Häuser stünden und nicht nur eins.

»Ja«, erwiderten wir bereits angesäuert, »aber das habt ihr die ganze Zeit gewusst. Die Pläne liegen euch seit Jahren vor. Wir haben ja nicht heimlich gebaut. Wir zahlen Grundsteuer für zwei Häuser, und ihr habt uns den Müllpreis errechnet. Also, was ist?«

»Nun«, wanden sie sich, »für zwei Häuser kostet der Müll jetzt mehr als für eins.«

»Häuser machen doch aber keinen Müll!«, argumentierten wir, »und wir sind und bleiben nun mal nur zwei Menschlein. Es ist niemand dazugekommen, der mehr Müll verursachen könnte.«

Die Antwort lautete schlicht: »Ja, das ist nun mal so. Zwei Häuser kosten mehr als eins.«

»Aber es ist Schwachsinn. Unlogisch.«

»Ja, aber so ist es.«

»Und? Was passiert jetzt?«

»Sie müssen das Dreifache bezahlen.«

»Das ist nicht Ihr Ernst!«

»Doch! Und dazu noch eine *multa* für die vergangenen fünf Jahre.«

»Aber ihr habt den Preis selbst ausgerechnet!«

Schweigen.

»Wir müssen bezahlen, weil Gesetze rückwirkend geändert werden oder weil ihr falsch rechnet?«

Schweigen.

»Ja sind denn hier alle komplett verrückt geworden?«

Achselzucken. »Es tut mir leid, aber es ist so, Signora.«

Das ist Italien. Es bringt einen um den Verstand.

Der italienische Staat lässt sich ja eine Menge einfallen, um zu Geld zu kommen. So hatte man vor ein paar Jahren die Idee, gesetzlich vorzuschreiben, alle Immobilien genauestens zu erfassen, mit den vorhandenen Plänen zu vergleichen, die Bestandspläne zu aktualisieren und neue zu erstellen. Ganz gleich, ob es sich um eine kleine Eigentumswohnung oder ein großes Landgut handelte.

Eine lukrative Arbeitsbeschaffungsmaßnahme für alle Geometer und eine Gelddruckmaschine für den Staat.

Denn nun kamen alle Schwarzbauten ans Tageslicht, und es hagelte saftige Strafen. Eine Freundin von mir, die zwei Magazinräume zu einer kleinen Ferienwohnung ausgebaut hatte, zahlte vierzigtausend Euro Strafe.

Wir hatten ein gutes Gewissen, als der Geometer mit zwei Gehilfen anrückte und drei Tage lang bei uns arbeitete. Es wurde vermessen und fotografiert und notiert und gezeichnet, alle Eigenheiten des Hauses wurden präzise beschrieben, wie zum Beispiel auch das Material der Fußböden und der festen Einbauten.

Dann dauerte es wie immer Monate, aber schließlich mussten wir für den Spaß dreitausend Euro bezahlen und bekamen dafür das berühmte »*accampionamento*«, so dick wie ein Buch und Gold wert, denn ohne ein *accampionamento*, das besagte das neue Gesetz, war ein Haus unverkäuflich. Der beurkundende Notar war jetzt nämlich verpflichtet, einen Geometer seiner Wahl (damit es kein Freund des Verkäufers war) zum Haus zu schicken, der dann das zu verkaufende Gebäude und das *accampionamento* akribisch verglich, um eventuellen neuen Schwarzbauten auf die Spur zu kommen.

Wurde man in dieser Phase mit einem Schwarzbau erwischt (es reichte auch, ein Fenster vergrößert oder in eine Tür verwandelt zu haben), konnte man den Verkauf des Hauses vergessen, denn nun brauchte man eine Berichtigung, das sogenannte »*sanatoria*«. Und das zu bekommen, dauerte wieder Monate oder Jahre. Und in dieser Zeit sprang jeder Käufer ab.

Da mein Büro ein Durchgangszimmer war und ich dort keine fünf Minuten Ruhe zum Schreiben hatte, beschlossen wir eines Tages, eine kleine separate Schreibstube, die nur von außen zu betreten war, an unser Haus anzubauen, um mir ein vollkommen ungestörtes Plätzchen zu schaffen.

Da wir keine Lust hatten, uns Monate mit der *comune* und dem *ufficio tecnico* rumzuärgern und drei Jahre auf die Baugenehmigung zu warten, und da wir das *accampionamento* in der Tasche und nicht vorhatten, in nächster Zeit zu verkaufen, bauten wir mein acht Quadratmeter kleines Büro kurzerhand schwarz.

Aber wie das Leben so spielt, sollte man nie nie sagen, und drei Jahre später trugen wir uns mit dem Gedanken, vielleicht doch zu verkaufen und ganz nach Deutschland zurückzukehren.

Ein *sanatoria* musste her.

Naiv wie wir waren dachten wir, der Geometer kommt, sieht sich das winzige Bürochen an, misst es aus, wandert dann zur *comune*, um das *sanatoria* zu beantragen, wir bezahlen die berühmte *multa*, und fertig.

Schön wär's ja. In Italien ist alles kompliziert und alles anders.

Ein halbes Jahr verging.

Dann rief ich den Geometer an. »Wie sieht's aus?«, fragte ich. »Wie weit ist unser *sanatoria*?«

»Mir fehlen noch ein paar Unterlagen. Komm doch bei Gelegenheit mal ins *ufficio*.«

Im Büro des Geometers gab man Klaus und mir ein Schreiben vom *ufficio tecnico*, in dem aufgeführt war, welche Unterlagen für ein *sanatoria* noch beizubringen waren.

Als Erstes fiel uns auf, dass diese Bürohengste für mein kleines Zimmer den Nachweis von zwei Parkplätzen haben wollten und außerdem eine Erklärung, wie das Abwasser entsorgt würde.

Ich sah unseren Geometer nur an und tippte mir an die Stirn. »Mario, bitte, was soll das? Spinnen die oder können die alle nicht lesen? Erstens könnte ich für mein Minibüro, das nur für mich ist und in das nur ein Schreibtisch und ein Stuhl passt, hundert Parkplätze bereitstellen – wie wär's überhaupt, wenn wir gleich den Bau eines Parkhauses beantragen?« Er grinste nur müde. »Und zweitens: Haben die die Pläne nicht gesehen? Es gibt in dem Büro kein Klo, keinen Wasserhahn und nichts. Was soll der Blödsinn mit dem Abwasser?«

»Ein Büro ohne Klo geht ja gar nicht!«, bemerkte Klaus ironisch. »Das müssen wir bestimmt noch anbauen!«

»Klaus, bitte!« Ich blitzte ihn wütend an. Italiener verstanden grundsätzlich keine Ironie, sie kamen durch derartige Bemerkungen nur auf blöde Ideen.

Mario winkte nur ab. »Vergesst es einfach. Ich rede mit denen.«

Dann kam eine Liste von siebzehn höchst komplizierten Punkten, lauter Papiere, die ich beschaffen sollte. Ich las mir alles durch und kannte kein einziges Dokument. Wie sollte ich denn da nach irgendetwas suchen?

Es war zum Verzweifeln.

»Das geht nicht«, sagte Klaus zum Geometer. »Wenn wir die Dokumente nicht kennen, können wir sie auch nicht finden. Entweder ich lade alle unsere Aktenordner auf einen Laster und kippe sie hier ins Büro, und dann könnt ihr euch raussuchen, was ihr braucht, oder aber du kommst zu uns auf den Berg und guckst selber nach.«

Der Geometer grinste. »Mach dir mal keine Sorgen, ich kümmere mich drum.«

Der Sommer kam und ging, und ich rief wieder an. »Was macht denn unser *sanatoria*?«, fragte ich.

Und jetzt kam die italienischste Antwort überhaupt: »Ist so gut wie fertig«, sagte er.

Das hieß übersetzt: Natürlich war nichts fertig. Er hatte noch nicht einmal damit angefangen. Aber mit dem »so gut wie« reservierte er sich noch ein bisschen Zeit. Immerhin musste er die ganze Geschichte jetzt wirklich in Angriff nehmen.

Ich hatte verstanden und ließ ihm zwei Monate, um sein Gesicht zu wahren.

Dann – oh Wunder – waren die Papiere wirklich fertig, und wir konnten zum Unterschreiben kommen.

Nur ein Besuch von einem Ingenieur der *comune* stand noch aus, der das Wunderwerk der Baukunst noch einmal ausführlich begutachten, beurteilen und fotografieren und ein Stückchen vom *sanatoria*-Kuchen abhaben wollte.

Der *ingeniere* war ein gelangweilter Lackaffe mit eingefetteten schwarzen Locken, mit denen er fünfzig Brote hätte bestreichen können. Er stand wie dumm vor dem Zimmerchen und wollte das im Grunde alles gar nicht sehen. Er stellte auch keine Fragen, maß nichts aus, schrieb sich nichts auf, gar nichts. Er stand einfach nur fünf Minuten neben dem Geometer, der ihm das eine oder andere erzählte, dann gingen sie wieder.

Wir fragten uns, was das denn nun wieder darstellen sollte.

Wochen später bekamen wir einen Brief von der *comune* mit Gesetzestexten, Erklärungen und Erläuterungen und einer Rechnung über sechstausendfünfhundertfünfundachtzig Euro.

»Au weia.« In meinem Kopf rotierten die *soldi*. Und da war das Geld für den Geometer und den Lackaffen noch nicht dabei.

Also wanderten wir wieder zum Geometer, um zu fragen, ob alles in Ordnung sei, wenn wir jetzt bezahlen. Ob dann wirklich alles *a posto* sei.

»Nein«, meinte Mario und runzelte die Stirn. »Ihr müsst noch zum Notar, und zwar möglichst bald. Auf alle Fälle bevor die Frist zum Bezahlen abläuft.«

Ich spürte, dass mir übel wurde. »Notar? Warum das denn? Wegen acht Quadratmetern?«

»Ja«, sagte er, »tut mir leid, das ist so. Ihr habt euren Besitz vergrößert, und jetzt müsst ihr notariell bestätigen, dass das Büro euch zu gleichen Teilen gehört.«

»Das Minibüro mit acht Quadratmetern?«

»Ja.«

»Und was wird der Notar kosten?«

»Na, mit einem Tausender müsst ihr schon rechnen.«

Er griff zum Telefon, um beim Notar für uns einen Termin zu machen.

Während der Notar den Text des Schriftstückes runterleierte, fiel uns auf, dass die *comune* uns als *agriturismo* ausgewiesen hatte. Ha ha ha, das wären wir ja gern gewesen, ging aber nicht, wie wir wissen. Also alles wieder auf Anfang.

Wir mussten uns in ein typisch hässliches, kaltes Wartezimmer setzen und darauf warten, dass ein neuer Vertrag gebastelt wurde.

Schließlich unterschrieben wir die geänderte Urkunde, und dann zeigte uns der Notar einen Klebezettel, auf den er alle möglichen Zahlen gekritzelt hatte. Die addierte er, kam auf eine Summe von knapp tausend Euro und hielt die Hand auf.

»Wie?«, fragte ich und musste geguckt haben wie ein Auto. »Wir müssen jetzt hier und bar bezahlen?«

»Ich nehme auch einen Scheck«, meinte der Notar lächelnd.

Damit hatten wir nun überhaupt nicht gerechnet. Wir waren davon ausgegangen, irgendwann eine Rechnung geschickt zu bekommen, die wir dann überweisen mussten. So hatten wir weder einen Scheck noch tausend Euro in bar dabei. Aber mit dem Überweisen haben es die Italiener ja nicht so, sie regeln möglichst alles bar oder per Scheck, ein Wunder, dass noch nicht die Kartoffelwährung eingeführt worden ist.

»Das macht nichts«, rettete Mario die Situation, »bringt mir den Scheck heute Nachmittag ins Büro, dann gebe ich ihn morgen hier ab, ich habe sowieso in Montevarchi zu tun.«

Der Notar war einverstanden.

Eine Woche später rief mich Mario wieder an.

»Sabine«, begann er, »hat das Zimmer ein *cordolo*?« Ein *cordolo* ist ein Zementring mit Eisen, der unterhalb des Daches eingemauert wird, damit das Haus erdbebensicher ist.

»Sicher«, antwortete ich. »Wird schon so sein.«

»Der Maurer erinnert sich nämlich nicht und will keine Unbedenklichkeitserklärung abgeben.«

»Pass auf, Mario«, versuchte ich ruhig zu sagen, »du kennst uns. Was wir machen, machen wir richtig. Und wenn wir bauen, dann auch mit einem *cordolo*. Ist doch klar!«

»Kann schon sein, aber die *comune* will es genau wissen.«

»Und was müssen wir jetzt machen?«

»Der Maurer muss kommen und muss die Wand aufreißen, damit wir sehen, ob da ein *cordolo* ist oder nicht.«

»Wir kriegen ein Problem«, sagte Klaus, als der Maurer unsere schöne Natursteinwand aufhackte, »augenscheinlich haben wir wohl doch kein *cordolo*. Jedenfalls keins mit Eisen, nur aus Zement.«

Ich blieb ganz ruhig. War noch nicht mal überrascht. Gewundert hätte es mich, wenn es *kein* Problem gegeben hätte.

Unser Maurer telefonierte bereits mit Mario, dann gab er mir das Handy.

»Was müssen wir jetzt machen?«, fragte ich schwach.

»Ihr müsst ein *cordolo* bauen«, sagte er. »Eins mit Eisen.«

»Ach, wie schön. Also Dach abdecken, und dann geht die Schweinerei los.«

»So ist es.«

»Wäre es nicht einfacher, das Zimmer einfach in die Luft zu sprengen?«

Er lachte höflich und sagte: »Wir müssen warten, was der Ingenieur der *comune* sagt. Er bestimmt die Stärke des Eisens. Und dann könnt ihr loslegen.«

Drei Monate später kamen die Maurer. Mit fünf Mann, drei Lastwagen, haufenweise Maschinen und jeder Menge Eisen. Mein kleines Büro sollte also in einen Hochsicherheitsbunker verwandelt werden. Nur warum? Das wusste keiner.

Zwei Tage arbeiteten die fünf. Fuhren hin und her und zogen dabei tiefe Furchen in den weichen Rasen, hämmerten, bohrten, machten kaputt, rissen ein, kleckerten mit Zement in der Gegend herum, saßen auf dem Dach und qualmten, und alles, was sie taten, war komplett sinnlos, aber natürlich ganz furchtbar wichtig.

Und wieder waren ein paar tausend Euro fällig.

Drei Monate später bekamen wir zwei Aktenordner voller Papiere und Bauzeichnungen (für acht Quadratmeter Zimmerchen), und sechs Wochen später kam ein ganz wichtiger

Typ von der *comune,* der alles noch einmal in Augenschein nahm und kontrollierte.

Und natürlich auch der Geologe, der eine Minute einen Blick auf das Wunderwerk der Baukunst warf, um festzustellen, ob das Regenwasser auch bergab läuft, und in dieser Minute siebenhundert Euro verdiente.

Der Geometer, der vor fünf Jahren noch für die Wahnsinnsarbeit des *accampionamento* zweier Häuser dreitausend Euro verlangt hatte, wollte diesmal für die Vermessung von acht Quadratmetern zehntausend haben.

So ändern sich die Zeiten und die Charaktere in Zeiten der Krise.

Tja, Freunde, wer sein Haus verkaufen will, der sollte alle illegalen Anbauten, auch wenn es nur ein drei Quadratmeter großer Hühnerstall ist, abreißen oder in die Luft sprengen. Ansonsten muss er nämlich noch zwei Jahre dranhängen, Berge von Bürokratie bewältigen und einen Sack voll Geld zum Fenster rauswerfen.

Madonna!

Italien ist ein durch und durch katholisches Land, das weiß jedes Kind. Von rund sechzig Millionen Italienern bekennen sich einundfünfzig Millionen zum katholischen Glauben. In Deutschland dagegen sind von insgesamt rund achtzig Millionen Einwohnern nur dreißig Prozent katholisch.

Die Italiener verehren vor allem die Jungfrau Maria. Die Mutter Gottes ist ihnen das Allerwichtigste. Findet man in Deutschland, vor allem in Bayern, am Wegesrand und in den Häusern das Symbol des Kreuzes, so sind es in Italien die Madonnen, denen auf den Feldern häufig kleine Altäre gebaut wurden, die regelmäßig mit frischen Blumen versorgt werden. Fast jedes Haus hat außen oder innen eine kleine steinerne Nische mit einer Madonnenfigur, in der oft eine Kerze brennt. Ich habe bisher in keinem einzigen italienischen Haus ein Kreuz an der Wand gesehen.

Nur um den Hals tragen viele Italienerinnen ein Goldkettchen mit einem Kreuz.

So ist auch der Ausruf des Erstaunens oder Entsetzens viel häufiger »*Madonna!*« oder »*Madonnina!*« (kleine Madonna) als »*Oddio!*« (oh Gott).

Außerdem lieben die Italiener ihren Papst. Zu Ostern und zu Weihnachten gibt es wohl keine Familie, in der nicht die Übertragung des »Urbi et orbi« vom Petersplatz im Fernseher läuft. Das gehört dazu wie die Eier, die man am Ostersonntag in rauen Mengen isst.

Ein Papst wird nicht kritisiert, er ist anerkannt und geachtet – und ansonsten macht man, was man will.

Es ist nur eine Vermutung, aber ich glaube, in keinem anderen Land nimmt sich die Kirche so viele Freiheiten heraus, ohne darüber zu reden und es an die große Glocke zu hängen.

In Deutschland diskutiert man zum Beispiel über den Zölibat – in Italien ignoriert man ihn einfach, wenn man ihn nicht einhalten will. Und dies tut man keineswegs heimlich.

Ich kenne einen Dorfpfarrer, der liebt es vor allem, in Gottes freier Natur, im Wald und auf den Feldern, die der Kirche gehören, zu arbeiten oder alten Leuten, die mit ihrer Landarbeit nicht mehr allein zurechtkommen, gegen eine Spende zu helfen. In dieser Arbeit geht er auf, da ist er Gott ganz nah.

Die Messe zu lesen, zu taufen, zu beerdigen und zu verheiraten ist ihm eher lästige Pflicht.

So saßen wir eines lausig kalten Februarnachmittags in der winzigen Dorfkirche eines kleinen Ortes und hatten das Gefühl, dass es in der Kirche noch kälter war als draußen. Die Kapelle war prall gefüllt, und ich hoffte, dass die Menschen im Kirchenraum wenigstens etwas Wärme entwickeln würden.

Niemand sprach. Nur hin und wieder wurde leise geflüstert. Das ganze Dorf wartete, denn der kleine Massimiliano sollte getauft werden. Alle waren da – nur der Pfarrer nicht. Die Eltern wurden nervös und begannen mit den Füßen zu scharren, Massimiliano fing an zu krähen.

Nach einer Viertelstunde ging der Vater hinaus. Ich nehme an, um zu telefonieren, denn nach einer weiteren Viertelstunde, als meine Füße in den gefütterten Winterstiefeln nur noch taube Eisklumpen waren und ich mich schon seelisch auf eine Blasenentzündung einstellte, kam Don Cristoforo auf seinem Trecker angetuckert. In Arbeitshosen, Arbeitsstiefeln und Winteranorak. Er hatte im Wald gearbeitet und die Taufe völlig vergessen.

In der Sakristei riss er sich nur die Winterjacke vom Körper, warf sich sein liturgisches Gewand über und begann die Messe zu lesen. Dass seine Arbeitsstiefel und -hosen unter dem Gewand hervorguckten, schien niemanden zu stören. Es war doch *ihr* Pfarrer, der, den sie kannten und liebten, und sie wussten, dass er ein armer Mann und ein Waldarbeiter war, der von Almosen lebte.

Ich weiß nicht, wie viel ein Landpfarrer von der Kirche bekommt, aber es ist zum Sterben zu viel und zum Leben zu wenig. Daher beackert der Pfarrer das Land der Kirche, erntet die Oliven, verkauft das Öl, verschenkt es an Arme und benutzt es selbst, und dasselbe passiert mit dem Wein. Er schlägt per Hand mit einer Machete die mannshohe Erika und lässt sie zu Besen binden, er arbeitet bei anderen, lässt sich nie bezahlen, aber ist für jede Spende dankbar. Und für jede Einladung zum Abendessen. Daher ist Don Cristoforo fast jeden Abend bei irgendjemandem eingeladen.

Auch wir luden ihn ein paarmal ein und stellten uns auf einen gemütlichen Abend ein, an dem wir ausführlich mit Don Cristoforo, der uns sehr sympathisch war, plaudern konnten.

Aber da hatten wir uns getäuscht.

Don Cristoforo kam pünktlich mit seinem Trecker zu uns auf den Berg, begrüßte uns, nahm Messer und Gabel zur Hand und sah uns auffordernd an, nach dem Motto: Kinder, ich habe Hunger, es kann losgehen.

Dann schlang er die drei Gänge in einem Affentempo hinunter, stand auf, bedankte sich artig und war wieder verschwunden.

Geredet hatten wir kaum. Don Cristoforo konnte auch gar nicht reden, weil er die ganze Zeit einen vollen Mund hatte. Als er alles runtergeschluckt hatte, war er schon wieder auf der Flucht. So war der ganze Spuk nach einer knappen Stunde vorbei.

Don Cristoforos Pfarrhaus war baufällig, verschimmelt und seit fünfzig Jahren nicht mehr renoviert worden, aber das störte ihn nicht. Er hatte ein Bett und einen Fernseher – das reichte.

Don Cristoforo hatte uns eine Flasche Öl geschenkt. Klaus fuhr zu ihm, um ihm dafür etwas zu spenden, aber auf sein Klopfen öffnete niemand.

Es regnete in Strömen, also arbeitete der Pfarrer sicher nicht im Wald, und an diesem Nachmittag standen auch keine Taufe, Hochzeit oder Beerdigung im Dorf an. Daher fragte Klaus einen Nachbarn, wo Don Cristoforo sein könnte.

Dieser zuckte die Achseln. »Keine Ahnung. Aber vielleicht ist er bei seiner Frau und seinen Kindern. Wenn es wichtig ist, geb ich dir die Nummer von Anna. Und wenn du ihn bei ihr nicht erreichst, dann weiß sie zumindest, wo er ist.«

Klaus war platt. Alles hatte er erwartet, aber nicht so etwas. »Nein, nein«, stotterte er, »danke, aber es ist nicht so wichtig. Ich komm morgen noch mal wieder. *Grazie!*«

Ein katholischer Pfarrer. Zwar nicht verheiratet, aber mit Familie. In Italien das Normalste der Welt. Die Menschen in den Dörfern, die von ihm betreut werden, wissen, dass er ein fleißiger, gläubiger Mann ist und so arm wie sie selbst. Vielleicht noch ärmer. Er ist immer zur Stelle, wenn sie ihn brauchen. Warum soll so ein feiner Kerl keine Frau und keine Kinder haben?

Noch mehr wunderten wir uns, als wir in Rom und im Vatikan waren. In den Straßen um den Petersdom gibt es unzählige Andenkenläden mit Kitsch und Kunst, schreiend bunten und glitzernden Rosenkränzen, geschnitzten Heiligenfiguren, T-Shirts mit Motiven aus der Sixtinischen Kapelle oder dem Konterfei des Papstes. Sein Bild ist allgegenwärtig: auf Tellern und Tassen, Aschenbechern, Pillendöschen, Kissen, Mützen und pompösen Bildern mit überladenen goldfarbenen Rahmen oder eingefasst in ein elektrisch blinkendes rotes Herz. Es gibt Heiligenbildchen, Postkarten, Stadt- und Kulturführer und alle Arten von Kalendern. Und in jedem Andenkenladen, wirklich in jedem, prangte eine große Auswahl schwarz-weißer Kalender von jungen Homosexuellen in priesterlichen Gewändern, die sich in den Armen lagen, sich küssten und herzten oder dabei waren, die Gewänder unter den Augen des lüstern blickenden Priesterkollegen abzulegen.

Da fielen uns dann doch die Augen aus dem Kopf.

Aber auch das war das Normalste der Welt, niemand störte sich daran, nur wenige Meter vom Petersdom entfernt.

Eines Morgens rief uns ein guter Freund weinend an und konnte kaum sprechen. Seine Frau war in der Nacht gestorben. Wir hatten zwar die ganze Zeit damit gerechnet, aber ein Schock war es trotzdem.

Klaus und ich sahen uns an. »Was machen wir denn jetzt?«, fragte ich ihn ziemlich hilflos. Seit wir in Italien waren, hatten wir so eine Situation überhaupt noch nie erlebt und wussten nicht, wie wir uns verhalten sollten.

Aber auch Klaus zuckte nur die Achseln und sah ganz verzweifelt aus.

Stumm überlegten wir ein paar Minuten.

Dann meinte ich: »Komm, lass uns zu Luciano fahren. Jetzt, sofort. Dann nehmen wir ihn einfach in den Arm und fragen, wann die Beerdigung ist. Falsch ist das auf gar keinen Fall.«

Klaus nickte, und wir fuhren los. So wie wir waren, in T-Shirt und Jeans und ohne etwas in der Hand. Schließlich konnten wir zur Feier des Tages keine Flasche Wein mitbringen, und eine Blume erschien mir auch verkehrt.

Wir hatten erwartet, bei Luciano noch weitere Nachbarn und Freunde anzutreffen, aber es war niemand da. Auf der Piazza in dem kleinen Ort war es totenstill. Weit und breit kein Mensch zu sehen. Wahrscheinlich hatten alle schon am frühen Morgen ihre Kondolenzbesuche gemacht, oder sie kamen erst gegen Abend.

Nicht nur auf dem Land, sondern auch in kleinen Dörfern stehen die Türen normalerweise offen. Auch Lucianos Tür war nur angelehnt, aber wir klopften trotzdem.

Sein Sohn öffnete uns. Er war mager und grau geworden und wirkte fast älter als sein Vater.

Er nickte und sagte tonlos: »Kommt rein.«

Dann rief er: »*Babbo*, Klaus und Sabine sind gekommen!«

Er ging ins Wohnzimmer und bat uns mit einer Geste, ihm zu folgen.

Wir schlichen fast hinter ihm her, wagten kaum aufzutreten, weil die Atmosphäre in dem Haus so bedrückend und dumpf war, und dann traf es uns wie ein Schlag.

Franca lag in einem Sarg, mitten im Wohnzimmer. In ihrer Sonntagskleidung, mit gefalteten Händen und viel Make-up im Gesicht. Und sie sah viel gesünder und besser aus als in den letzten Monaten. Es lag mir auf der Zunge zu sagen: »Ciao, Franca, wir sind's, Klaus und ich, steh auf und lass uns ein Glas Wein zusammen trinken!« So wenig hatte ich kapiert, dass hier im offenen Sarg die tote Franca vor mir lag.

Ich konnte es einfach nicht verstehen, und gleichzeitig gruselte ich mich vor ihr.

Während ich auf ihre Brust starrte und ganz sicher war, dass sie sich hob und senkte, weil sie atmete, kam Luciano herein.

Als er uns sah, fing er wieder an zu weinen, und dann umarmten wir uns.

Schließlich erzählte er, ohne den Blick von Franca zu wenden, von den letzten Stunden und Minuten, die er mit ihr zusammen verbracht hatte.

In Italien stirbt man seltener im Krankenhaus als in Deutschland. Die Ärzte sagen einem Todkranken schonend, aber deutlich, dass es keine Therapie mehr für ihn gibt und es das Beste wäre, wenn er nach Hause ginge. Daher sterben viele alte Leute zu Hause im Kreise ihrer Familie.

Nach dem Tod wird der Leichnam vierundzwanzig Stunden im Haus aufgebahrt, und alle Freunde und Verwandte können kommen, Abschied nehmen und den Hinterbliebenen Trost spenden.

Ich starrte Franca unentwegt an und dachte mir, eigentlich ist es gut und richtig, dass du hier liegst und nicht sofort in einem Kühlschrank verschwindest, vielleicht können die Verwandten auch nur so begreifen, dass der Angehörige wirklich tot ist. Aber ich fragte mich gleichzeitig, ob Luciano in der Nacht auch nur fünf Minuten Schlaf finden würde, wenn er wusste, dass seine Frau aufgebahrt im Wohnzimmer lag.

Wahrscheinlich nicht. Wahrscheinlich saß er die ganze Nacht an ihrem Sarg, bis er sie gehen lassen konnte.

Wir erfuhren, dass die Beerdigung bereits am kommenden Nachmittag um drei stattfinden sollte, umarmten Luciano noch einmal voller Herzlichkeit und Anteilnahme und fuhren zurück nach Hause.

Dann rief ich Livia an. »Himmel, wie läuft denn so eine Beerdigung in Italien?«, fragte ich. »Was macht man denn da? Was nimmt man da mit? Blumen? Wirft man dem Sarg eine Blume hinterher? Erzähl doch mal!«

Livia war so zögerlich, als hätte sie noch nie eine Beerdigung erlebt, was mich noch nervöser machte.

»Tja«, sagte sie, »du kannst Blumen mitbringen. Und ein Kärtchen dazulegen. Die Karte ist ganz wichtig. Aber am besten guckst du mal, was auf den Plakaten steht. Manchmal muss man auch nur was für die *misericordia,* die Sozialstation, spenden.«

Jetzt war ich eigentlich genauso schlau wie vorher.

In Italien wird sehr schnell beerdigt, wahrscheinlich wegen der großen Hitze in den Sommermonaten, in der man die Leiche nicht tagelang im Haus herumliegen lassen kann. Daher werden auch keine Traueranzeigen verschickt, sondern Plakate gedruckt, die in dem Ort, wo der Verstorbene gewohnt hatte, und in den zwei oder drei Nachbardörfern auf der Piazza und an der Kirche angeklebt werden. Das geht schneller, ist billiger, und jeder weiß Bescheid. Die, die die Plakate nicht sehen, erfahren es durch die Mundpropaganda, die schnell und reibungslos funktioniert.

Im Ort, in dem Franca gewohnt hatte, sah ich mich um. Noch hingen keine Plakate. Egal. Ich würde einfach Blumen kaufen, das war auf keinen Fall verkehrt.

In Castellino band mir die Floristin innerhalb von fünf Minuten einen sehr schönen Grabstrauß.

»Kärtchen?«, fragte sie, und ich nickte eifrig und gleichzeitig besorgt. »Aber was schreibt man denn da bloß drauf?«

»*Faccio io*«, sagte die Floristin, »das mache ich«, nahm ein winziges Kärtchen in Form einer Kreditkarte, schrieb eine Beileidsformel drauf, darunter unsere Namen, steckte die Karte in einen kleinen Umschlag und tackerte ihn an die Blumenverpackung.

Na, das lief ja wie geschmiert.

Das Blumengesteck hatte nicht viel gekostet, kam mir aber bombastisch vor, und ich fuhr – gewappnet, wie ich fand – wieder nach Hause.

Inzwischen hingen die Plakate, und darauf stand, neben den üblichen Informationen zur Verstorbenen und zum Zeitpunkt der Beerdigung, dick und fett: Bitte keine Blumen, sondern eine Spende an die *misericordia*.

Na toll. Super. War ich wieder zu schnell gewesen. Was jetzt? War es besser, die Blumen wegzuschmeißen?

Klaus war mir da keine Hilfe. Er zuckte schon wieder stumm die Achseln, als wäre es eine Art Fitnessprogramm.

Ach was, dachte ich mir dann, wir werden trotzdem spenden, und Blumen können schließlich nie verkehrt sein.

Aber in der Nacht schlief ich dennoch schlecht. Mir lag diese ganze Beerdigung schwer im Magen.

Pünktlich um halb drei waren wir am nächsten Tag bei Luciano. Die Piazza war voller Menschen. Wer noch irgendwie krauchen konnte, war gekommen, denn wenn im Dorf jemand starb, gingen alle hin. Ganz gleich, ob man denjenigen nun gut oder kaum gekannt hatte. Wer während seines Lebens nicht fleißig daran gebastelt hatte, sich mit jedem Nachbarn zu verkrachen, der wurde von der gesamten Dorfbevölkerung zu Grabe getragen.

Livia hatte mir außerdem noch erzählt, dass man die Blumen im Haus abgeben musste, damit sie in der Kirche vor den Sarg und auf dem Friedhof auf die Grabstelle gelegt wurden. Darum auch das Kärtchen – damit die Hinterbliebenen später wussten, von wem die Blumen waren.

Die Haustür stand sperrangelweit offen, und wir gingen hinein.

Der Sarg befand sich immer noch mitten im Wohnzimmer, aber der Pfarrer und einige enge Verwandte umringten ihn. Im Hintergrund hielten sich drei Männer von der Beerdigungsfirma in hellblauen Oberhemden auf.

Don Cristoforo betete, las aus einem Buch und murmelte Lateinisches vor sich hin.

Lucianos Sohn nahm uns die Blumen ab und mir damit eine Last von der Seele.

Alle starrten auf die Leiche. Jetzt wurde es ernst.

Als Don Cristoforo das Buch laut zuklappte, nahm jeder Einzelne Abschied von Mutter, Frau, Schwester, Schwiegermutter, Tante oder Oma und küsste oder streichelte ihr noch einmal über die Wange.

Es war ein berührender und bewegender, aber kurzer Moment. Denn kaum war dies geschehen, kamen die drei Blauhemden mit dem Sargdeckel, schlossen den Sarg, nahmen jeder einen Akkuschrauber zur Hand und bohrten mit unzähligen Schrauben den Sarg einmal ringsherum zu.

Es war fürchterlich. Kaum zu ertragen, aber die Verwandten sahen ungerührt und tapfer hin.

Zum Schluss wurde der Sarg noch gesegnet und mit rotem Lack versiegelt, als habe man Angst, Franca könne doch noch versuchen, abzuhauen.

Erst dann wurde der Sarg von den Blauhemden aus dem Haus getragen, und hinter den Angehörigen folgten ihm die Dorfbewohner zur Kirche.

Es war für uns nicht einfach gewesen, bei achtunddreißig Grad im Schatten etwas Schwarzes anzuziehen, denn ich habe kein leichtes Sommerkleid in Schwarz. Nur Hosen und Blusen. Und Klaus Hosen und Hemden.

Wir zerflossen fast vor Hitze in unseren schwarzen Klamotten, und erst auf dem Weg zur Kirche sah ich, wie deplatziert wir aussahen. Denn wir waren die Einzigen in Schwarz! Selbst Luciano und sein Sohn und seine Schwiegertochter hatten helle Sachen an. Die Dorfbewohner trugen bunte Kleider, blumige, leichte Blusen, wehende Röcke und Sandalen, manche sogar knielange Hosen in seidigen Sommerstoffen. Und wir beide dazwischen wie die schwarzen Teufel.

Zum Glück waren wenigstens in der Kirche die Temperaturen angenehmer.

Die Messe, die Don Cristoforo las, war eine ganz alltägliche Messe, die sich nur durch einige auf die Verstorbene zugeschnittene Fürbitten und die Tatsache, dass der Sarg auf den Altarstufen stand, vom üblichen Gottesdienst unterschied.

Unser Blumengesteck war übrigens das Einzige, aber das war mir mittlerweile wurscht.

Über Franca wurde nichts gesagt. Niemand kam nach vorn und erzählte von ihr, hielt eine kleine Rede oder sprach ein Gedicht, auch Don Cristoforo sagte nichts Persönliches, sondern bediente nur die Allgemeinplätze über das Sterben und das ewige Leben, die er bei jeder Beerdigung benutzen konnte. Man hörte keine besondere Musik, die etwas über Francas Charakter oder Vorlieben verraten hätte – nichts.

Ich fand es enttäuschend, aber vielleicht lag es daran, dass man in vierundzwanzig Stunden einfach keine Zeit hat, etwas Persönliches vorzubereiten.

Dann wurde der Sarg noch mit Weihrauch umnebelt, und die Totenmesse war beendet.

Nun wanderten alle gemeinsam zum Friedhof, der etwas außerhalb des Ortes lag. Wir mussten ziemlich lange bergauf laufen, und Klaus und ich schwitzten wie verrückt.

Auf dem Friedhof ging dann alles sehr schnell. Don Cristoforo sprach ein Gebet, das nur Sekunden dauerte, segnete kurz das Grab, und schon verschwand Francas Sarg in der Grube. Der Bagger stand direkt daneben schon bereit.

Für dieses Geschehen interessierte sich sowieso kaum jemand. Alle standen auf dem Friedhof herum und unterhielten sich über ganz alltägliche Dinge. Mit der Beerdigung war innerlich schon niemand mehr beschäftigt.

Das Ganze dauerte auch nur eine Minute, und schon fing der Bagger an, die Grube zuzuschaufeln.

Da wurden kein Sand, keine Blumen auf den Sarg geworfen, da wünschte niemand per Handschlag »Herzliches Beileid«, nein, man begrüßte die Nachbarn, die man noch nicht begrüßt hatte, und schwatzte wild drauflos.

Alles hatten wir erwartet, aber nicht so etwas.

Und fünf Minuten später zerstreuten sich die Leute, riefen noch durcheinander: »Ich ruf dich an!«, oder »Melde dich doch mal!«, oder »Grüß deinen Mann von mir!« und gingen nach Hause.

Es gab keine Feier, keinen Leichenschmaus, nichts.

Aber auch Luciano wirkte nicht, als wisse er jetzt nicht wohin mit sich, nein, er erschien uns regelrecht erleichtert, als sei ihm eine riesige Last von der Seele genommen.

Klaus und ich schleppten uns nach Hause, und ich hatte mich noch nie so sehr darauf gefreut, endlich aus meinen Klamotten zu steigen.

Basta, amore

Italien – es gibt nichts Widersprüchlicheres als dieses Land und diese Gesellschaft. Und genauso sind unsere Gefühle, als es Zeit ist, Abschied zu nehmen.

Die Italiener bestachen durch ihre Freundlichkeit und ihre überschäumende Gastfreundschaft. Man war immer willkommen und fand sofort einen Platz an ihrem Tisch. Das war überwältigend und half einem ungemein, in einem fremden Land schnell Fuß zu fassen und sich wohlzufühlen.

Aber die Krise hat das Land verändert und die Herzen verhärtet. Die Gier nimmt zu. Der eine oder andere schreckt nicht einmal davor zurück, seine Freunde zu verraten, wenn er ein paar Euro herausschlagen kann.

Das vergiftet die Atmosphäre und sät Misstrauen.

Der Italiener ist leider auch überhaupt nicht temperamentvoll, wie ihm oft nachgesagt wird, sondern der Erfinder der Langsamkeit. Er ertrinkt in Lethargie und ist der unpünktlichste Menschenschlag unter der Sonne. Das macht es so schwer, in diesem Land zu leben und zu arbeiten.

In Italien ist nichts geplant, sondern nur improvisiert. Es wird alles irgendwie installiert, geschraubt, gebaut, gestöpselt und verlegt, nach dem Motto: Wird schon irgendwie gehen. Und jedes Provisorium ist in Wirklichkeit für die

254

Ewigkeit gebaut. Was irgendwie funktioniert, bleibt. Erst wenn alles in sich zusammenbricht, macht man sich erneut an die Arbeit und wird ein neues Provisorium finden.

Italien erstickt an seiner Bürokratie und finanziert sich zu einem großen Teil aus aberwitzigen und oft nicht nachvollziehbaren Strafen. Es hat vor dem Fortschritt resigniert und den Kopf tief in Formulare gesteckt, um nicht mit ansehen zu müssen, wie der Rest der Welt funktioniert und überlebt.

Wahrscheinlich werden wir uns tausendmal nach dir, *bella Italia*, zurücksehnen, wenn es darum geht, die deutsche Gründlichkeit, Halsstarrigkeit und Paragrafenreiterei zu ertragen.

Und wir werden es vielleicht verfluchen, das Land der Pyromanen verlassen zu haben, die zu jeder Gelegenheit irgendwo in der Gegend lustvoll Haufen entzünden und alles verbrennen, was ihnen unter die Finger kommt; das Land, in dem Ostereier so groß wie Medizinbälle verschenkt werden, damit die *bambini* sie im Garten auch finden; und die Menschen, die mit den Lauten »ähh«, »booch« und den Worten »*grazie*« und »*bravo*« fantastisch durchs Leben kommen.

Wir werden den traumhaften Rotwein vermissen, der in Italien aus der Wasserleitung kommt, und das großartige Olivenöl, das man kanisterweise zu einem geringen Preis direkt beim Olivenbauern kaufen kann. Uns werden die warmen Sommernächte fehlen, die man von Mai bis September auf der Terrasse genießen kann, und die Sonne, die ständig scheint, sodass man sich nach Regen und Abkühlung sehnt. In Zukunft gibt es keinen Blick mehr auf malerische mittelalterliche Dörfer, und keine Zypressen vor dem Haus. Auch keine Chiara mehr mit ihren leuchtend roten Haaren, ihrer zupackenden Art und ihr herzlich gebrülltes »Sabina!«, wenn sie meine Stimme am Telefon hörte. Ich werde sie hin und wieder anrufen und ihr schreiben, damit ich mein Italienisch nicht völlig vergesse.

Tja, und auch keine italienischen Männer mehr um uns herum, die so mitfühlend und warmherzig sind, dass sie (im Gegensatz zu den Frauen) sofort in Tränen ausbrechen, wenn du ihnen deine Geschichte erzählst oder ein Problem schilderst. Sie schenken dir ihr letztes Hemd, um dir zu helfen.

Die italienische Seele ist groß und weit und zartfühlend, dort leben Romantiker, die versuchen, das Mittelalter festzuhalten, ohne es zu bemerken.

Sie sehen in die Sterne und halten Italien für den Mittelpunkt der Welt.

Vielleicht haben sie sogar ein bisschen recht damit.

Wir werden es leichter haben in Deutschland. Wir wünschen uns nach diesen vielen Jahren in Italien so sehr, dass mal etwas klappt und funktioniert, wir wünschen uns ein Haus, in dem wenigstens mal für kurze Zeit nichts kaputt ist, und stellen es uns traumhaft vor, regelmäßig Post zu bekommen.

Wir haben jetzt einfach andere Sehnsüchte.

Arrivederci, Toscana. Es war wunderschön.

Es wird langsam dunkel. Heute Abend wird der Umzugslaster nicht mehr kommen. Aber morgen vielleicht. Oder nächste Woche. Oder gar nicht …

Klaus sieht mich an und grinst. Ich grinse zurück.

Was bleibt uns noch zu sagen?

Eigentlich nichts.

Wir haben fertig.